KB220791

추천의 글

20여 년간 선교 현장에서 선교사로 살아왔다. 선교가 무엇인지를 깨닫는 데는 생각보다 오랜 시간이 필요했다. 그곳에서 수년 동안 언어를 배우고 현지 문화를 경험하고 심지어는 교회 개척을 했지만, 항상 뭔가 결여된 자신을 느끼곤 했다.

한국교회는 2만여 명의 선교사를 파송한 선교 대국이다. 한국교회가 복음을 들고 열방으로 나간 동력은 한국교회를 향한 하나님의 사랑에 감탄하고, 하나님의 선교 명령에 순종했기 때문일 것이다. 하지만 선교 반세기의 역사를 지내는 지금 과연 한국교회는 하나님과의 은밀한 사랑 때문에 선교의 최일선에 뛰어들고 있는가?

이 책은 선교 활동 자체가 선교의 궁극적인 목적이 아니라고 말한다. 선교사의 삶 속에 계시는 삼위 하나님을 분명히 알고, 삼위 하나님의 성품과 사랑에 반응하는 것이 선교의 시작이라고 말한다. 저자 마이클 리브스는 삼위일체이신 하나님의 사랑이 각 성도의 삶 속에 차고 넘쳐서 흘러가는 것(overflow)이 선교의 원동력이 되어야 한다고 말한다.

특별히, 이 책의 3장에서 이슬람이나 다른 종교들이 얼마나 메마른 신론을 가졌는지 혹은 무신론자들의 삶이 얼마나 무의미한지를 설명한다. 선교하는 자가 삼위일체 하나님의 풍성한 사랑을 진심으로 경험하는 것이 가장 강력한 선교의 도구임을 반증하고 있다.

이 책은 선교사로 헌신하고 싶지만, 선교 현장에서 부딪칠 막연한 두려움 때문에 망설이는 사람들에게 좋은 오리엔테이션을 제공할 것이다. 또한, 나처럼 이미 선교사로 헌신했지만, 선교 현장이 더는 새롭게 느껴지지 않는 이들에게 선교의 부르심을 재확인하도록 큰 도움을 줄 것이다. 이 책으로 인해 한국교회가 삼위일체 하나님의 넘치는 사랑에 다시금 주목하기를 바란다.

_김성국 | 중동지역 선교사

이 책은 삼위일체 하나님을 성경의 흐름을 반영하여 잘 설명한《선하신 하나님》이 내포한 필연적인 내용인 하나님의 선교(Missio Dei)라는 관점에서 저술되었다.

저자는 선교하시는 하나님은 삼위일체 하나님이라는 사실을 매우 신중하고 깊이 있게 드러낸다. 거룩하신 삼위일체 하나님은 성부와 성자와 성령, 삼위로 구성되었을 뿐만 아니라 사랑과 선함과 빛이심과 영광스러움에서 창조와 구속의 대사(大事)를 펼치시는 분이다.

알라는 고독을 즐기는 단일 위격의 존재로서 창조와 함께 만유를 지배의 대상으로 즉각적으로 환원시킨다. 반면에 사랑의 교제 안에 거하시는 삼위 하나님은 인격적인 교제의 대상으로 인간을 창조하시고 기뻐하셨다.

나아가 삼위 하나님께서는 타락한 인간을 긍휼히 여기시어 그 영혼에 빛을 비추어 삼위 하나님의 영광을 깨달아 자신이 죄인임을 보도록 도우신다. 삼위 하나님은 죄인인 우리가 아들 안에서 용서하시는 당신의 사랑을 성령의 인격적인 설복을 통하여 깨달으며, 삼위 하나님을 창조와 구원의 하나님으로 받아들이고 교제하는 하나님의 아들들로 입양되도록 일하신다.

이런 삼위 하나님의 열심으로 인간은 하나님의 사랑과 선함과 빛이심과 영광스러움에 참여하여 변화된 삶을 살게 된다. 인간은 삼위 하나님의 사랑에 빚진 자로서 그 사랑에 인격적으로 반응하고 자유의 아들로서 삶의 모든 영역에서 선하고 빛나며 영광스러운 삶을 향유(享有)하게 된다. 이것이 복음, 즉 삼위 하나님의 창조와 구원의 경륜에서 드러나는 복된 소식이라는 것이 저자의 핵심적 주장이다.

복음의 진수(眞髓)를 깊고 넓게 들여다보고 삼위 하나님이 자녀들에게 주시는 자유와 영광에 이르기를 원하는 독자들에게 필독을 권한다.

_유태화 | 백석대학교 신학대학원, 조직신학 교수

믿음, 삶, 선교 전반에 관해 이토록 기쁨으로 동기 부여해 주는 책을 만나 본 적이 없다.

하나님은 사랑이시고, 그 사랑을 먼저 성부와 성자와 성령께서 충만히 나누셨고 누리시며 그것을 우리에게 나누어주시기 위해 세상을 창조하신 그 충만함이 전달되어 온다.

우리들의 삶은 비록 실패의 연속 선상에 있지만, 일향 변함없이 사랑으로 다가오시며, 완벽하고 온전하신 사랑으로 품어주시고 영광의 하나님을 체험하면 "오늘"이라는 현재가, "일상"이라는 현실이 그분의 영광을 내어보이는 자연스러운 선교의 장이 됨을 말해준다.

이 책을 읽고 나면 딱딱하고 난해한 삼위일체의 이미지가 사랑과 충만의 에너지로 바뀌고 '거리감 있는 선교'라는 단어가 '따뜻한 하나님의 손길과 마음의 선교'로 바뀌는 경험을 하게 될 것이다. 그리스도를 따르는 삶이 십자가를 넘어 삼위일체 되시는 사랑의 하나님의 품에 안기고 싶은 분들께 적극 추천한다.

_이승제 | 가까운교회 담임목사 , 엠씨넷 대표

OVERFLOW

삼위 하나님과 함께
사랑하라, 살아가라, 선교하라

OVERFLOW: how the joy of the Trinity inspires our mission
Copyright ©2021 by Michael Reeves
This translation is published by arrangement
with Moody Publishers.

This Korean Edition Copyright © 2023 by Abba Book House,
Seoul, Republic of Korea.

All rights reserved.

이 한국어판의 저작권은
Moody Publishers와 독점 계약한 아바서원에 있습니다.

신 저작권법에 의하여 한국 내에서 보호받는 저작물이므로
무단 전재와 무단 복제를 금합니다.

삼위 하나님과 함께
사랑하라, 살아가라, 선교하라

OVERFLOW

마이클 리브스 지음 _ 김명희 옮김

아바서원

마사

젬마

니콜

대니얼

데이지

엘리자

실비아

티모시

여러분이 이런 기쁨을 누리기를 원합니다.

목차

삼위일체 하나님 알기

복음에는 기이한 면이 있다. 실제로 어느 날 어떻게 복음을 들
을지 누가 알겠느냐마는, 일단 복음을 들으면 정말로 복음을
들으면, 절대 잊을 수 없다.
_캐롤린 웨버

이 책의 제목을 《고역에서 기쁨으로》(_From Drudgery to Delight_)
라고 하고 싶었다. 내 목표가 그것이기 때문이다. 나는 당신
이 어떤 내키지 않고, 지루하고, 시늉만 남은 종교에서 빠져
나와 그리스도 안에서 마음 깊이 행복을 누리기를 바란다.

내가 그런 변화를 겪었다. 그래서 그 일이 어디에서 비롯

되는지 안다. 그것은 하나님을 삼위일체로 아는 데서 비롯된다. 사실 오랫동안 하나님이 성부, 성자, 성령이심을 알았지만, 그것은 그저 기독교에 관한 스테인드글라스 장식 정도로 보였다. 다시 말해, 삼위일체는 하나의 존재 개념으로 약간 흥미롭기도 했지만, 내게 아무런 **영향도 미치지** 않았다. 그저 진열창 장식에 불과했다.

그러나 하나님이 누구신지 제대로 이해하게 되고, 하나님이 성부, 성자, 성령으로 존재하시기에 영광스러운 사랑(glorious Love)**이심**을 알았을 때, 하나님이 지루하고 두려운 분이라는 내 생각과 삼위일체 하나님이 얼마나 다른지를 알았다. 그때부터 그분을 **흠모하기** 시작했다. 하나님은 내게 믿기 어려울 정도의 기쁨을 주시는 소중한 분이 되셨다. 그때부터 천국이라 불리는 어딘가로 간다는 생각보다도 하나님이 더 사랑스러워졌다. '영생'이라는 어떤 추상적인 보상이 아니라 그분이 내 소망과 기쁨의 중심이 되셨다. 그리고 그때부터 본능적으로 하나님에 대해 열변을 토하기 시작했다. 하나님을 삼위일체로 알게 되면서 하나님에 대해 열정적으로 말하기 시작했다. 삼위일체는 의무적인 전도가 아닌, 기뻐하며 마음을 내어 선교하는 더 풍성한 삶으로 가게 해 주었다. 그리고 그것이 내가 이 책을 통해 당신에게 원하는 바다. 나는 당신이 인색하고 갑갑한 하나님이 아니라, 생명과 선과 아름다움이 흘러넘치는 하나님을 알기를 바란다. 그 하나님으로 충만할 때 당신에게서도 흘러넘쳐 주변에 있는 이들에게 생수의 샘이 될 것이기 때문이다.

따라서 이 책은 영적으로 공허와 좌절을 느끼는 이들을 위한 것이다. 하나님이 자신들에게 질린 게 틀림없다는 남모르는 의심을 품은 이들을 위한 것이다. 거의 그렇게 생각할 엄두도 못 내기는 하지만, 하나님이 그저 우리에게서 무언가를 빼앗아가고자 하는 다소 따분하고 요구가 많은 상사라고 느끼는 이들을 위한 것이다. 다른 사람들에게 예수님에 대해 말할 자격이 없거나 그럴 능력이 없다고 느끼는 이들을 위한 것이다. 세상을 향해 하나님에 대해 외치고 싶을 만큼 하나님이 흥미로우신 분임을 발견하지 못한 이들을 위한 것이다. 내 목표는 당신을 생명의 샘으로 데리고 가서 기운을 되찾고 하나님으로 충만해지게 해서 그것을 안에 품고 있을 수 없게 만드는 것, 즉 당신 안에 있는 그것을 세상으로 넘쳐흐르게 만드는 것이다.

이 책은 2019년 가을 무디 성경학교 선교대회에서 했던 세 번의 강연에서 비롯되었다. 이 내용은 그 행사에 잘 어울리는 자료 같았다. 1855년 4월 21일 에드워드 킴볼(Edward Kimball)이 보스턴의 한 구둣방에서 무디에게 그리스도의 사랑을 전한 것이 무디(D. L. Moody)의 비범한 전도와 선교 사역의 시작되었으니 말이다. 그런데 이 에드워드 킴볼은 누구인가? 17세의 드와이트 무디가 출석한 주일학교 교사로, 사랑의 하나님이 차고 넘쳐서 그의 학생이 일했던 구둣방으로 찾아가 전도한 사람이었다.

바로 그러한 사랑의 하나님과 구세주를 알았기에, 무디를 뒤집어엎어 자기중심적인 사람에서 눈부시게 빛나는 복음의 주역으로 변화시킬 수 있었다. 당신도 누군가의 삶에 에드워드 킴볼일지 모른다. 혹은 무디가 그랬듯, 다른 무대로 부르심 받았을지도 모른다. 그러나 우리는 이 책을 통해 살아 계신 하나님을 삼위일체로 알게 되고, 그렇게 아는 일이 왜 중요한지 알게 될 것이다. 또 그분이 너무 아름다우셔서 그분을 향한 사랑이 넘쳐흘러 그분의 사랑을 다른 이들에게 가져갈 수밖에 없음을 깨닫게 될 것이다. 그것이 우리의 특권이자 우리의 선교다.

19세기 런던의 위대한 설교자 찰스 스펄전(Charles Spurgeon)

은 이렇게 말한 적이 있다.[1]

영혼을 성장시키는 가장 탁월한 학문은 그리스도학(science of Christ), 십자가에 못 박힌 그분에 대한 학문, 영광스러운 삼위일체 하나님을 아는 것이다. 삼위일체 하나님이라는 엄청난 주제를 신실하게, 진심으로, 계속 탐구하는 것만큼, 지성을 키우고 사람의 온 영혼을 성장시키는 일은 없을 것이다. 또 이 주제는 영혼을 겸허하게 하고 성장시키는 동시에, 큰 **위로가 된다**. 참으로, 그리스도를 묵상하면 온갖 상처에 바르는 연고를 얻고, 성부를 깊이 생각하면 모든 슬픔이 소멸하고, 성령의 역사 가운데서는 모든 염증에 대한 치료제를 얻는다. 슬픔에서 벗어나고 싶은가? 염려를 누그러뜨리고 싶은가? 그렇다면 가라. 삼위일체 하나님이라는 가장 깊은 바다에 뛰어들라. 그분의 광대함에 잠기라. 그러면 안락한 소파에서 일어나듯, 생기를 되찾고 기운을 얻어 나올 것이다. 삼위일체 하나님이라는 주제를 깊이 신실하게 묵상하는 것만큼, 그렇게 영혼을 위로하고, 복받쳐 오른 비탄과 슬픔의 파도를 잠잠하게 하고, 시련의 바람에 맞서 그렇게 평강을 말할 수 있는 것은 없을 것 같다.

이것이 우리가 지금 하고자 하는 바다. 1장에서는 성부, 성자, 성령으로 살아 계신 하나님을 알게 될 것이다. 삼위일체가 신학적인 괴짜들을 위한 기이한 퍼즐이 아니라, 모든 그리스도인이 누릴 수 있는 영광스러운 복음임을 보게 될 것이다. **정확히 하나님이 삼위일체이시기 때문에,** 그분의 존재 자체가 취하시는 분이 아니라 주시는 분임을 알게 될 것이다. 그분은 초월적으로 풍성하심이 흘러넘치는 하나님이시다. 이 때문에 (인간적인 종교와 우리가 상상하는 신들과는 달리) 하나님은 항상 그렇게 완벽하게 은혜롭게 행하신다.

2장에서는 조금 더 깊이 들어가서, 성경의 위대한 드라마를 창세기 1장의 흑암에서부터 요한계시록 22장의 빛에 이르기까지 하나님이 영광을 흘려보내시는 이야기로 보고자 한다. 이를 통해 우리는 모든 사랑과 기쁨과 선, 그리고 선교의 근원이신 하나님의 자기희생적인 성품을 환히 볼 것이다.

그다음 3장에서는, 방향을 바꾸어 삼위일체를 부인할 때 현실이 어떤 모습일지 생각해 볼 것이다. 이는 아주 짧은 장이 될 것처럼 보일지 모르지만, 사실 사람들이 무엇을 궁극적인 실재로 생각하느냐가 그들 삶의 모든 부분을 형성한다. 다른 종류의 신 혹은 절대 하나님이 아닌 신을 믿는 일은 아주 심각한 결과를 초래할 것이다. 우리는 삼위일체가 부인되면 사랑이 부인되고 사람들은 사랑 없고 무서운 우상을 숭배하거나 절망적인 허무주의와 무의미함에 빠질 수밖에 없음을 볼 것이다.

그런 다음 마지막 장에서 하나님이 풍성함과 빛을 흘려보내시듯 그리스도인들도 그렇게 할 때 어떻게 현재의 어둠 가운데서 빛으로 빛날지를 살펴보며 이 책을 마무리 지을 것이다. 특별히 그곳의 '우리'에 주목하라. 이는 단지 무디와 마르틴 루터같이 별처럼 밝고 환하게 빛날 수 있는 특별한 은사가 있는 '최고의' 그리스도인들이 아니기 때문이다. '우리'는 당신과 나처럼 엉망진창인 평범한 실패자다.

그러므로 이제 사랑이 풍성하신 죄인들의 친구에게로, 영광스러운 사랑의 하나님에게로 나와서, 그분을 묵상함으로써 생기를 되찾고 기운을 얻어 차고 넘치는 사람이 될 수 있는지 확인해 보자. 자, 이제 출발한다!

나눔 질문

1. 이 책은 "나는 당신이 어떤 내키지 않고, 지루하고, 시늉만 남은 종교에서 빠져나와 그리스도 안에서 마음 깊이 행복을 누리기를 바란다"로 시작한다. 당신은 언제 "그리스도 안에서 마음 깊이 행복"을 누렸는가?

2. "'영생'이라는 어떤 추상적인 보상이 아니라 그분이 내 소망과 기쁨의 중심이 되셨다." 당신은 저자가 이곳에서 묘사한 것과 유사한 경험을 한 적이 있는가?

3. 이어질 네 장에 대한 설명을 읽은 후, 삼위일체 하나님을 더 온전히 이해하는 것과 관련하여 어떤 점이 호기심을 불러일으키는가?

1장

하나님의 사랑
모든 선의 원천

성경은 반복해서 하나님이 사랑이시라고 선포한다. 우리는 하나님의 사랑이 우리 삶에 선명하게 반영되기를 갈망한다. 참되고, 선하고, 신실하고, 기쁨을 주고, 오염되지 않고, 변치 않고, 지속하는 사랑. 이 사랑은 성부, 성자, 성령 하나님 안에서만, 그 하나님을 통해서만 입증된다.

_캐서린 엘리자베스 클라크

이 책은 성삼위일체와 기독교 선교를 다룬다. 그런데 책 속에서 이 단어들을 읽었을 때나 표지에서 처음 보았을 때 이런 질문이 생겼을지 모르겠다. "어떤 정신 나간 사람이 그런 책을 쓰지? 삼위일체와 선교라고? 둘이 어떤 관련이 있지?" 그것은 초밥과 우주선, 럭비와 방울뱀, 혹은 코바늘 뜨개질과 카오스 이론을 다루는 책을 쓰는 것과 약간 비슷하다. 그런 것들은 아무리 짝을 지으려 애써 봐도 어우러지지 않는다. 혹은 그렇다고 생각할 수 있다.

하지만 혹 삼위일체와 선교가 완전히 무관하지는 않다고 생각할 수도 있다. 삼위일체 같은 핵심 기독교 교리와 전도 같은 그리스도인의 명백한 의무는 동일 범주 안에 있는 것 아닌가? 둘 다 종교 곡예단의 같은 '큰 천막' 안에 있다. 어쨌든 그 둘은 관련이 있다. 그러나 어떤 관련이 있는가?

어쩌면 삼위일체는 어떤 한 부류의 그리스도인을 위한 것 같고, 반면 선교는 다른 부류의 그리스도인을 위한 것 같다. '신학자'로 불리는 멋진 재킷을 입은 사람들은, 벽난로 옆에 앉아 수염을 쓰다듬으면서 삼위일체에 대해 오랫동안 열심히 생각해야 한다. 그러는 동안 햇빛 가리개 모자를 쓴 아주 공격적인 선교사들은 한 손에는 큰 칼을 다른 손에는 성경을 들고, 정글을 헤치며 복음을 위한 길을 만들고 있다. 두 가지 임무 모두 각기 나름대로 하나님의 일이다. 둘은 **어**

느 정도 관련이 있지 않은가? 그렇다. 아마도 그럴 것이다. 그러나 우리는 그다지 깊은 관계는 아니리라 추측한다.

그런 생각이 드는 까닭은, 삼위일체를 실용적이라 여기지 않거나, 적어도 최전선에서는 훌륭한 전통적인 영혼 구원만큼 실용적이지는 않다고 여기기 때문이다. 내 생각에는 대부분의 그리스도인이 우리가 알고 사랑하고 어느 정도 이해하는 하나님이 계시고 그다음에 삼위일체가 계시다고 느끼는 것 같다. 그리고 삼위일체는 담쟁이로 뒤덮인 신학교 저쪽 어딘가에서만 중요하다. 그건 실제로 사회적으로 실패한 창백한 얼굴의 신학자들만을 위한 것이다. 그들은 삼위일체에 대해 말하기를 좋아하는 이들이다. 그리고 그것이 그들을 헤어 나오기 힘든 혼란에 빠뜨리면, 몇 명의 천사가 핀 머리 위에서 춤을 출 수 있는지를 이야기하는 데로 옮겨간다. (정말 실제로 일어난 일이다. 중세 신학자들이 그 주제를 놓고 토론했다. 아마도 일부 신학자들은 여전히 그럴 것이다.) 삼위일체도 마찬가지다. 고루한 노인들이 어떻게 $1 + 1 + 1 = 1$인지 같은 것들을 놓고 토론을 벌이고 있다. 그러나 우리는 '지금 그것은 누구와도 관련이 없어'라고 생각한다.

오늘날 그리스도인의 마음 깊은 곳에는, 삼위일체가 하

나님에 관한 우리 지식에 돈은 물사마귀라는, 위험하고 잘못된 생각이 자리 잡고 있다. 그러나 그것은 적절하지 않다. 실제로 그리스도인들이 신앙을 나누는 것을 볼 때 그것을 알 수 있다. 처음 복음을 전하는 그리스도인을 생각해 보라. 어떤 말이 예상되는가? 십자가, 하나님의 은혜, 죄 사함이 예상된다. 전부 예수님에 대한 것이다. 예수님을 좋아하지 않을 사람은 없기 때문이다. 맞지 않은가? 예수님은 부드러운 양들을 쓰다듬으셨을 테고, 구유에 누워 있는 모습이 아주 귀여워 보였을 것이다. 그리고 예수님은 당신이 천국에 갈 수 있도록 구원이라는 하나님의 선물을 주기 위해 오셨다. 이런 것들이 처음 증언을 하는 이들이 말하리라 예상되는 것들이다. 그러나 그들은 불신자들에게 자기들이 **어떤** 하나님에 대해 이야기하고 있는지 명확히 해 줄 것 같지 않다. 그리고 분명 삼위일체에 대해서도 명확히 설명해 줄 것 같지 않다. 아니, 그 개념을 꺼내지도 않으리라 생각한다. 왜 단순한 복음 메시지와 다수의 이질적인 형이상학을 혼동하는가?

그래서 오늘날 서구 전역에서는 복음의 아름다움에는 열광하지만, 복음의 주인이신 하나님의 아름다움은 무시하는 것 같다. 따라서 우리가 최우선 과제로 지금 숙고하려는 것은, 하나님이 바로 삼위일체이시기 때문에 사랑스러우시다는 것이다.

선교이신 하나님

이 책에서 내 목표는 그리스도인이, 선교가 하나님이 어떤 분이신가와 동떨어진 일이 아니라는 비범하고 아름다운 진리를 누리는 것이다. 여기서 선교는 가까운 곳이든 외국이든 **밖으로** 나가는 것을 말한다. 선교란, "불행히도 우리는 밖으로 나가서 복음을 전하는 온갖 힘든 일을 해야 하는데, 그동안 하나님은 보좌를 뒤로 젖히고 천사들의 노래를 들으며 저기 천국에서 즐기고 계셔" 같은 것이 아니다. 그것은 아니다. 절대 그렇지 않았고, 절대 그렇지 않을 것이다.

선교는 삼위일체에, 즉 하나님의 존재와 본성과 마음에 뿌리내리고 있다. 그리고 선교는 그분의 마음을 사로잡는 매력적인 것이다. 내가 정말로 이 책에서 무엇보다 전달하기 원하는 한 가지가 있다면, 그것은 하나님이 선교라는 위대한 진리다. 하나님과 함께 어디에 있든, 특히 지금 하나님으로 인해 아주 황홀하지 않다면, 당신의 눈이 뜨여 그분이 얼마나 기막히게 아름다우시며 만족감을 주시는 분인지 보기를 바란다. 당신의 마음이, 아마도 오랜만에 처음으로, 아니 난생처음으로 그분을 향한 사랑으로 불타오르게 되기를

기도한다. 당신에게 강요하며 해야 할 일을 말하는 것이 아니다. 오히려 진심으로 그분을 **사랑하라!** 그러면 이 깊은 사랑으로 인해 온 세상 역시 그분을 알게 되기를 바랄 것이다.

당신의 선교가 다름 아닌 바로 당신이 사랑하는 이에 대해 세상에 이야기하는 것이기를 바란다.

이 책을 읽는 일부는 선교를 목적으로, 곧 기독교 신앙을 들고 다른 문화나 다른 땅에 있는 사람들에게 다가가기 위해 고국과 친한 사람들을 떠났을 것이다. 혹은 타문화 선교 훈련을 받고 있는 사람도 있을 것 같다. 또 어떤 이들은 있는 곳에서 선교적으로 살고 있다. 당신의 목적은 어떤 복음 전도의 기회가 열리든 뜻을 품고 이웃, 가족, 직장에 다가가는 것이다. 그러나 어느 쪽이든, 당신이 그저 선교를 위해 나가지는 않기를 바란다. 이것은 오늘날 많이 언급되고 있는 주제다. 기독교는 충실한 동료들과 함께 떠나는 모험처럼 흥미진진해 보인다. 그것은

식량 배낭을 메고 아라곤과 함께 산을 향해 가는 것과 같다. 당신은 세상을 구원하러 가는 몇몇 친구와 합류한다. 누가 그런 선교에 참여하고 싶지 않겠는가?

그러나 선교하러 나가는 일은 일차적인 것이 아니다. 그것은 이차적이다. 나는 다른 무엇보다 당신이 하나님을 사랑하여, 당신의 선교가 다름 아닌 바로 당신이 사랑하는 이에 대해 세상에 이야기하는 것이기를 바란다. 하나님의 선교를 하러 가는 것은 그분의 아름다움에 사로잡혀 그분에 대해 이야기하는 것이다. 그리고 그렇게 하기 위해 그분이 누구신지 알아야 한다. 그래서 나는 단순하게, '선교를 빚어 가시는 이 하나님이 정확히 누구신가?'라고 질문하면서 시작하고 싶다. 그리고 우리의 대답은 그분이 삼위일체 하나님이시라는 것이다. 삼위일체 하나님만이 진정으로 선교적일 수 있기 때문이다. 그분은 그저 선교를 보내시는 분이 아니라 존재 자체가 선교적이시다.

삼위일체 알아가기

삼위일체에 대해 생각하고자 할 때 어디에서 시작해야 할까? 일반적으로 이 교리는 우리가 잘 이해하지 못하기 때문에 그리고 무한하신 하나님을 설명하는 것이기 때문에, 우리는 곧바로 우리 세상에 있는 것들로 실례를 들어 설명하려 한다. 자연적인 것을 참조하여 초자연적인 것을 설명하려 한다. 불행히도 이것이 아주 많은 사람이 오류를 범하는 지점이다. 사람들이 '삼위일체'를 듣자마자 그 기괴한 실례들이 즉시 떠오르기 때문이다.

어떻게 그렇게 되는지 살펴보자. 교회 성경공부 모임에서 아무것도 모르는 새신자가 "저, 누가 삼위일체를 설명해 주실 수 있을까요?"라고 말한다.

그러자 누군가가 나선다. "아, 네. 자, 보세요. 무한하신 하나님은 세 잎 클로버 같아요. 잎은 하나지만 세 개의 작은 잎으로 이루어져 있어요. 셋이 하나가 되었죠. 저는 이 예가 아주 유용한 것 같아요."

또 다른 사람이 말한다. "아니, 아니, 아니에요. 하나님은 물 분자(H_2O) 같아요. 얼음이 있어요. 그런데 아버지를 데우면 그분이 액체가 돼요. 이는 다른 물질 상태, 다른 존재 방식이에요. 그리고 조금 더 데우면 그분은 영적인 존재가 됩니다. 아시겠어요?"

혹은 내가 아주 좋아하는 설명이 있다. "하나님은 달걀 같아요. 달걀에는 노른자가 있고, 흰자가 있고, 껍질이 있어요. 세 부분이죠. 하지만 동시에…뭐냐면요…단 하나의 달걀이에요." 짠!

그런데 **누가** 하나님의 '달걀 같음' 때문에 얼굴을 땅에 대고 엎드리려 할까?

따라서 당신은 '그런 사람은 당연히 없죠. 그래서 나는 기묘한 것들은 모두 신학자들에게 맡기고 싶어요'라고 생각한다.

그러나 우리 그리스도인들이 삼위일체를 믿는 까닭은, 하나님이 뒷마당이나 조리 기구 위 혹은 아침 식탁에 있는 것과 닮았다고 인식하기 때문이 아니라, 주 예수 그리스도 때문이다.

예수님을 알라, 삼위일체를 알라

요한복음 20:31은 요한의 사명 선언문, 곧 요한이 그 복음서를 쓴 목적이다. 그는 왜 그 글을 썼는지 알려 주고 있다. 그 절은 이렇게 말한다. "오직 이것을 기록함은 너희로 예수께서 하나님의 아들 그리스도이심을 믿게 하려 함이요 또 너희로 믿고 그 이름을 힘입어 생명을 얻게 하려 함이니라." 요한은 예수님을 믿으라고 요청한다. 이는 믿으라는 단순한 외침이다. 그러나 그가 무엇을 했는지 보이는가? 예수님을 믿으라는 단순한 외침은 삼위일체 하나님을 믿으라는 외침이다. 어떻게 그런가? 예수님이 그리스도, 즉 메시아시기 때문이다. 그 단어의 의미는 무엇인가? 기름 부음을 받은 이, 즉 성령으로 기름 부음을 받은 분이다. 사도행전 10:38은 "하나님이 나사렛 예수에게 성령과 능력을 기름 붓듯 하셨으매"라고 말한다. 성령이라는 실재가 "그리스도"라는 요한의 용어에 암시되어 있다. 그다음 요한이 하는 다른 말, 곧 예수님이 "하나님의 아들"이라는 말을 보라. 다시 말해, 하나님이 그분의 아버지시다. 삼위일체의 세 위격이 여기다 있다! 이런 예는 성경 어디에나 있다. 당신에게 그것을 볼 수 있는 눈이 있다면 말이다.

사실, 삼위일체를 살피는 일은 그저 예수님이 누구신지 아는 일에 들어가는 것이다.

사랑이 많으신 아버지 하나님

삼위일체를 이해하기 시작하는 좋은 방법은, 다음과 같은 질문을 숙고해 보는 것이다. '하나님은 세상을 창조하시기 전에 빈둥거리셨는가? 활동적이셨는가? 빈둥거리지 않으셨다면 무엇을 하고 계셨나?' 이런 질문들을 해 본 적이 있는가? 이에 대해서는 거창한 신학적 답변이 있어야 하는 것 아닌가? 그래서 하나님은 세상을 창조하시기 전 무엇을 하고 **계셨나**? 누가 그런 질문을 한다면 가능한 답변이 여기 있다. "알다시피, 실제로 요한복음 17:24이 하나님이 그 당시에 무엇을 하고 계셨는지 알려 준다. 예수님은 '아버지께서 창세 전부터 나를 사랑하[셨다]'고 말씀하신다." 이분이 우리가 이야기하고 있는 하나님이다. 곧, 아버지이신 하나님, 영원히 자기 아들을 사랑하고 계시는 분이다.

그렇다면 하나님이 아버지시라는 것은 무슨 뜻인가? 성경에서는 이름이 항상 의미가 있다. 내 이름은 마이크다. 그러나 빌리일 수도 있었다. 사실 그건 중요하지 않다. 그 이름은 나에 대해 아무것도 알려 주지 않는다. 이 책 표지에 어떤 이름이든 넣어도 아무런 차이가 없을 것이다. 그러나 하나님을 아버지라고 부를 때, 그것은 중요하다. 그분이 **정**

말로 아버지시기 때문이다. 이는 단지 우리가 하나님을 가리키는 관습이 아니다. 그것은 그분의 존재를 묘사하는 표현이다. 그리고 아버지는 자녀에게 생명을 주며, 사랑을 아낌없이 주는 존재다. 그리고 창세 전에 하나님이 영원히 아버지셨다면, 그렇다면 아주 필연적으로 하나님은 영원히 생명을 주시는 사랑 많으신 하나님이다.

여기서 잠시 덧붙이고 싶은 말이 있다. 독자 중에는 육신의 아버지가 냉담했거나 멀게 느껴졌거나 무심했던 이들이 있을 수 있다. 아마 그 아버지는 당신에게 상처를 주었거나 큰 고통을 안겨 주었을 것이다. 그래서 내가 이 책에서 사용한 그 단어를 볼 때마다, 당신은 아픈 경험 때문에 등딱지 속으로 움츠러든다. 이런 경우라면 **아버지**라는 단어는 당신에게 복음이 아니며, 하나님 아버지를 아버지라 부르지 못한다. 그분이 당신의 아버지 같기 때문이다. 육신의 아버지들이 이 하나님 아버지 같아야 하지만 우리는 모두 실패한다. 어떤 경우에는 엄청나게 실패하기도 한다. 그러므로 하나님 아버지를 묘사할 때, 당신 아버지의 모습과 그 아버지의 실패에서 시작하지 말라. 그것이 당신에게 아주 많은 상처를 주는 이유는, **아버지**가 당신에게 감미로운 단어여야

하기 때문이다. 그런데 당신은 상처를 받았고, 그 사실이 나를 슬프게 한다. 그리고 나는 바로 지금 특별히 당신 때문에 슬프다. 여기서 당신에게 하나님의 아버지 됨을 살피라고 요청하고 있기 때문이다. 나는 이 책이 당신을 치료하는 연고가 되기를 바란다. 이 메시지가 당신에게 도움이 되기를 바란다. 그러므로 그 단어를 새롭게 살펴보고 당신을 위해 재건된 그 의미를 찾으려 해 보라. 육신의 아버지 안에서 절대 누리지 못했던 하늘 아버지의 사랑스러움을 발견하라.

요한일서 4장에 나오는, 하나님 아버지에 대해 잘 알려진 말씀을 살펴보자. 우리는 7-8절에 초점을 맞출 것이다. "사랑하는 자들아 우리가 서로 사랑하자. 사랑은 하나님께 속한 것이니 사랑하는 자마다 하나님으로부터 나서 하나님을 알고 사랑하지 아니하는 자는 하나님을 알지 못하나니 이는 하나님은 사랑이심이라." 이 구절이 하는 말, 곧 하나님이 사랑이시므로 사랑하는 자는 누구든 하나님을 안다는 말에 주목하라.

당신은 수년간 주님과 동행하고 있는 경애하는 성도, 기쁨과 사랑과 너그러움과 긍휼과 친절이 스며 나오는 것 같은 사람을 알고 있는가? '내가 70세가 되면 그렇게 되고 싶어'라고 생각하는, 그 존재 자체가 금처럼 귀한 사람말이다. 당신은 주일 예배 후 그들과 함께 점심을 먹으러 가거나 그들 집에 점심 초대를 받고 그들과 함께 있을 때 그들 주변에서 정말 멋진 것을 발견하기 시작한다. 그렇지 않은가? 그들은 절대 사람들 뒤에서 비열하게 굴지 않기 때문이다. 그리고 그들과 함께 있는 동안

> 하나님이 그렇게 깊이 있고 영향력 있는 사랑이시므로, 그분을 알면 사랑이 풍성해지지 않을 수 없다

당신은 정말 더 멋져지기 시작한다. (물론, 나중에 되돌아간다!) 그러나 그들과 함께 있는 동안 그들이 당신을 변화시킨다.

요한에 따르면, 이것이 하나님이 어떤 분이신지에 대한 간단한 묘사다. 하나님은 사랑이시고 하나님이 그렇게 깊고 영향력 있는 사랑이시므로, 그분을 알면 당신 역시 사랑이 많아질 것이다. 사랑이 풍성해지지 않을 수 없다. 당신은 그분처럼 된다. 이것이 하나님이 아버지시라는 말의 의미다. 8절에서 "하나님은 사랑이심이라"라는 요한의 말은 하나님 아버지를 가리킨다. 그다음 단어들이 보이는가? 9절은 이렇다. "하나님의 사랑이 우리에게 이렇게 나타난 바 되었으니 하나님이 자기의 독생자를 세상에 보내심은 그로 말미암아

우리를 살리려 하심이라." 그러므로 사랑이신 하나님은 자기 아들을 보내시는 아버지시다. **아버지가 된다는 것은 사랑한다는 뜻이다.** 생명을 준다는 것, 아들을 얻는다는 것이다. 사랑이 없으면 그분은 그분이 아닐 것이다. 그분은 아버지가 아닐 것이다. 억수 같은 사랑을 쏟아부을 아들도 없을 것이다. 간단히 말해서 이 하나님이 사랑이시다. 아버지가 된다는 것은 아들이 있다는 뜻이고 영원히 그를 사랑한다는 뜻이다.

하나님의 풍성한 사랑에 대한 이미지

알다시피, 신학자들이 하나님의 사랑이 풍성함을 묘사하기 위해 사용하기 좋아하는 몇 가지 이미지가 있다. 하나는, 주님이 생명의 샘이라는 성경의 이미지다. 그리고 신학자들이 즐겨 언급하듯이, 하나님이 샘이시므로 그분의 생수가 솟아나야 한다. 그것이 샘이 하는 역할이다. 샘은 그저 인색하게 천천히 흐르지 않는다. 샘은 아낌없이 그 속에 든 것을 뿜어낸다! 그래서 아버지가 아버지라는 존재가 되시려면 생명과 사랑을 쏟아부으셔야 한다.

또 하나의 이미지는 빛나는 해다. 해는 그 특성상 생명을 나누어 주어야 한다. 바로 그 광선이 생명을 준다. 마당에 방수포를 깔면 그 아래 있는 풀은 시들어 죽을 것이다. 풀은 어두운 데서는 자라지 않는다. 그러나 풀에 빛을 비추면 자라난다. 우리의 하나님도 이처럼 사랑으로 이글거리셔야 한다. 그리고 풀처럼 물도 필요하다. 그 둘 다 살아 있는 것들에 건강과 생명을 쏟아붓는다. 우리 하나님이 그렇다! 이제 당신은 왜 삼위일체가 그렇게 좋은 소식인지 알기 시작한 것이다.

또 하나님은 왜 사랑이신가? 그분은 삼위일체시기 때문에 사랑이시다. 그리고 당신은 예수님의 세례에서 그 이미지를 얻을 수 있다. 사람들과 나눌 삼위일체의 실례를 원한다면, 달걀 실례보다는 이것을 사용하라.

아마 누가복음 3장에 나오는 이 이야기, 예수님의 세례 이야기를 기억할 것이다. 예수님이 거기서 요단강 물속에 계실 때 이런 말씀을 들으신다. "너는 내 사랑하는 아들이라. 내가 너를 기뻐하노라." 그런데 내가 빼 먹은 것이 무엇인가? 하늘로부터 나는 소리만 있는가? 그 외에는 그 장면이 비어 있는가? 아니다. 거기에 성령도 계셔서 비둘기 같은 형체로 예수님 위에 강림하신다. 이분이 우리가 이야기하고 있는 하나님이다. 아버지는 그분의 사랑의 영을 부어 주시며 아들에게 그분의 사랑을 알게 하신다. 그리고 아들은 어떻게 그것을 느끼는가? 누가복음 10:21에 그 사랑스러운 순간이 있다. 거기서 예수님은 성령으로 기쁨이 가득 차셔서 "하늘과 땅의 주님이신 아버지, 당신을 찬양합니다"(NIV에서 번역)라고 외치신다. 아버지께서 예수님께 그렇게 많은 사랑을 쏟아부으셨기 때문에, 그분이 할 수 있는 일은 그분의 아버지께 이 사랑을 돌려드리는 것뿐이다. 이분이 우리가 이야기하고 있는 하나님이다.

나는 당신이 예수님으로 시작할 때, 그분이 알려 주시는 삼위일체 하나님이 셋이 하나와 같아야 하는 기괴한 수학 문제나, 당신을 어질어질하게 만드는 철학적으로 뇌를 꼬는 문제가 아님을 알게 되기를 바란다. 아버지는 성령과의 관계를 유지하시며 아들에게 사랑으로 생명을 주신다. 이분이 진짜 하나님이다. 예수님으로 시작하여 그분 안에서 삼위일체 하나님을 발견할 때, 당신은 비길 데 없이 무한한 아름다움과 사랑과 사랑스러움을 지니신 하나님을 발견한다.

하나님이 삼위일체가 아니라면 어떻게 되는가?

삼위일체 하나님만이 이러한 비할 데 없는 아름다움을 지니실 수 있다. 이를 조금 더 이해하기 위해, 간단한 정신 훈련을 해 보기를 요청한다. 바로 지금, 어디에 앉아 있든 잠시 눈을 감으라. 당신이 하나님이라고 상상해 보라. 당신은 신의 지혜와 능력으로 왜 우주를 창조했는가? 당신의 이유는 무엇인가? 왜 그 일을 했는가? 외로워서 친구를 갖고 싶었는가? 아니면 '나는 종을 둘 수 있어. 내가 원하는 건 뭐든 하는 하인들을 둘 수 있어'라는 생각을 했는가? 제멋대로 하고 싶기 때문인가? (이제 눈을 뜨고 생각해 보라.) 어땠는가? 고귀한 이유를 찾았는가?

이는 철학자들이 하는 가장 심오한 질문이다. 하나님이 존재하는가? 그리고 만약 그렇다면, 그에 뒤이어 왜 다른 무엇이 존재하는가? 왜 우주가 있는가? 왜 우리가 있는가? 하나님은 왜 창조하기로 하셨는가? 이는 사실 단지 철학적인 논쟁이 아니다. 사려 깊은 사람들은 모두 이러한 지속적인 질문들에 답하려고 애쓰고 있다.

단일 위격(single-person) 신의 본성

이러한 문제들을 다룬 가장 이른 시도 중 하나가, 내가 좋아하는 실례인 바벨론 창조 신화 에누마 엘리시(Enuma Elish)다. 여기서 신 마르둑은, 그저 자신을 섬길 종들을 두고 싶어서 인류를 창조하겠다고 말한다. 그 이후로 초기의 인간적인 종교들에서 많은 신이 '하인들을 두기 위해 사람을 창조할 거야'라는 마르둑의 접근을 좋아하는 경향이 있었다. 만약 당신이 신이라면 그것은 꽤 매력적인 시각이기 때문이다. 신은 마땅히 그래야만 하는 존재로 생각하게 한다. 또 이는 예배를 우리 인간이 받고 싶은 것으로 바꾼다. 예배는 곧 지배적인 주인을 향한 노예 같은 헌신이다.

대부분의 인간적인 종교의 신들이 이처럼 생각한다고 여겨지는 이유는 무엇인가? 자, 모든 것의 기원이자 이유인 신을 상상해 보라. 그가 모든 것을 존재하게 했다. 세상을 창조하기 전 그는 어떤 모습이었는가? 마음속으로 그를 그려 보라. 이 신은 자기 보좌에 앉아 있지만 아직 아무것도 창조하지 않았다. 그래서 그는 실제로 보좌에 앉아 있지도 않을 것 같다. 그렇지 않은가? 그는 그냥 거기 빈 곳에 쪼그리고 앉아 있다. 이 신의 성격은 어떠할까? 당신은 "잘 모르겠어요. 그가 어떤 모습일지 내가 어떻게 알 수 있어요?"라고 말할 수 있다. 하지만 당신이 아는 한 가지가 있다. 그는 혼자다. 보좌조차도 없이 완전히 전적으로 혼자다. 그는 아주 외롭다. 고독하다. 영원히. 오랜 세월을 보내는 동안 이 고독한 신에게는 사랑할 사람도 아무도 없고 사랑할 것도 하나도 없었다. 이는 다른 사람들을 향한 사랑은 단일 위격 신의 본질적인 특성일 수 없다는 의미다. 사랑은 그의 본질을 규정하는 속성일 수 없다. 그런 신은 사랑할 다른 누군가가 없기 때문이다. 그가 자신을 사랑할 수는 있다. 그러나 그것은 사랑이라 부르지 않는다. 그것은 이기심이라 부른다. 가장 나쁘게는, 정신병적 나르시시즘이라 부른다.

따라서 단일 위격 신은 그 본성상 근본적으로 자신만 바라봐야 하고 그러므로 사랑이 풍성하지 않다. 이 존재는 본질적으로 개인적인 자기만족을 추구한다. 그리고 그것이 그가 창조하는 유일한 이유다. 삼위일체가 아닌 신을 둔 모든 인간적인 종교에 그런 문제가 있다. 단일 위격 신들은 홀로 영원을 보냈기 때문에 거의 불가피하게 자기중심적이다. 어떻게 다르게 될 수 있었겠는가? 또 왜 어떤 다른 존재를 만들어 내고자 하겠는가? 그 존재는 성가시게 주의를 딴 데로 돌리게 만드는 것일 뿐이지 않겠는가? 단일 위격 신은 자기 자신에 대해 생각하기를 더 좋아한다. 그러한 종교의 세계관에서는 창조 행위가 이상해 보인다. 또 단일 위격 신이 창조를 한다면, 그것은 항상 곤궁해서다. 자신을 넘어선 무언가에 대한 욕망, 그의 존재 내의 외로움 때문이다. 친구를 갖고자 하는 욕망이나 하인을 두고자 하는 욕망 때문이다. 그리고 그것이 삼위일체 하나님과 다른 점이다. 성부, 성자, 성령에 대해 이야기할 때는 모든 것이 달라진다. 우리에게는 외롭지 않고, 영원히 사랑하는 일을 하시는 하나님이 계시다. 그분은 성령과의 사귐을 통해 아들을 사랑하시는 아버지시다. 하나님 아버지를 생각해 보라. 사랑하고 생명을 주시는 것이 바로 그분의 본성이다.

> 자신에게만 관심이 있는 신에게 우주는 성가시게 주의를 딴 데로 돌리게 만드는 것일 뿐이지 않겠는가? 그는 내내 그저 자신만 생각하고 싶어 한다.

우리 하나님이 창조하시는 이유

내가 아주 좋아하는 옛 청교도 설교자 중 한 명이 리처드 십스(Richard Sibbes)다. 그는 그 설교가 매우 다정해서, '입에서 꿀이 나오는', '달콤함이 뚝뚝 떨어지는' 사람이라 불리곤 했다. 그는 이렇게 말한 적이 있다. "만약 하나님이 선을 퍼뜨리려는 마음이 없었다면, 절대 세상을 창조하시지 않았을 것이다. 성부, 성자, 성령은 그 자체로 행복하셨고 세상이 있기 전부터 서로를 기뻐하셨다. 하나님이 자신의 선하심을 알리고 퍼뜨리는 일을 즐거워하시지 않았다면, 절대로 창조나 구속은 없었다."[1] 십스는 하나님이 스스로를 만족시키기 위해서나 행복하기 위해서 세상을 창조할 **필요**는 없으셨다고 말했다. 성부, 성자, 성령은 "그분들 안에서 행복하셨고 세상이 있기 전에 서로를 기뻐하셨다."

그렇다면 하나님은 왜 창조하셨는가? 하나님은 자신의 선함을 전파하는 일을 즐거워하시기 때문이다. 다시 말해, 그분은 사랑이 불타오르는, 선의 태양 같다. 하나님은 필요해서나 부족하기 때문에 창조하시지 않았다. 너무도 행복해 선이 터질 듯했기 때문에 창조하셨다. 하나님은 그 안에 생명이 넘치고 넘치도록 충만하시므로, 그분의 선을 퍼뜨리기를 즐거워하셨다. 그분의 가장 내적인 존재는 빛과 생명과 온기를 품은 태양이다. 이는 항상 빛을 **발한다**. 환하고 외향적이다.

만약 당신의 신이 아버지가 아니라면 그런 불임의 신이 무언가를 창조할 수 있겠는가? 당신은 영원히 생명을 주시는 하나님 아버지에 대해서는 그런 의심을 하지 않는다. 그런 하나님에게는 창조한다는 것이 놀랍지 않기 때문이다. 따라서 예수 그리스도는 창조의 논리다. 하나님의 본성을 이해하고 싶다면, 아들이신 예수 그리스도가 영원히 아버지의 사랑을 받는 분이라는 사실과 창조는 그 사랑이 외부로 확장된 것임을 기억하라. 그분의 사랑은 넘쳐흐르는 샘 같다. 그분 자신만을 위해 간직하지 않고 다른 사람들에게 쏟는 것이다. 아버지가 그렇게 아들을 기뻐하셔서 그 사랑이 넘쳐흘렀다. 이 사랑받는 아들은 셀 수 없이 많은 자손의 맏이가 되셨다. 그것이 하나님의 목표였다. 바울이 로마서 8:29에서 말하듯이 말이다. "하나님이 미리 아신 자들을 또한 그 아들의 형상을 본받게 하기 위하여 미리 정하셨으니 이는 그로 많은 형제 중에서 맏아들이 되게 하려 하심이니라." 이분은 곁에 있는 이에게 분개할 필요가 없으신 하나님이다. 오히려 그가 좋아 어쩔 줄 몰라 하신다! 그분의 아들에게 사랑이 넘치게 하시는 것이 그분의 기쁨이며, 그분은 창조를 통해 수많은 자손에게 그분의 사랑이 넘치게 하시기를 아주 기뻐하신다.

예수님이 그분의 대제사장 기도 끝부분에서 하신 말씀이 있다. 거기에 아들이 된다는 것의 의미가 담겨 있다. 예수님은 바로 요한복음 17장 끝부분에서 그분이 왜 오셨는지 설명하신다. 그 장의 맨 마지막 절인 26절에서 예수님은 간절히 기도하시며, 아버지께 이렇게 말씀하신다. "내가 아버지의 이름을 그들에게 알게 하였고 또 알게 하리니 이는 **나를 사랑하신 사랑이 그들 안에 있고 나도 그들 안에 있게 하려 함이니이다.**" 또 예수님은 요한복음 17:23에서도, 하나님이 독생자를 사랑하시듯이 그분을 따르는 이들을 사랑하신다고 말씀하셨다. 다른 신은 그러한 영광스러운 환영, 즉 우리를 자녀로 맞이하는 아버지의 환영을 제안할 수 없다. 우리는 하나님의 완전한 용납을 통해 하나님의 사랑 안으로 옮겨진다. 다른 종교는 그런 환영을 하지 못한다. 이 모든 것은, 삼위일체 하나님의 본성이 다른 모든 신의 본성과 완전히 다르다는 말이다.

이는 루이스(C. S. Lewis)의 《스크루테이프의 편지》(*The Screwtape Letters*, 홍성사 역간)에 정말 잘 요약되어 있다. 그 책을 읽지 않았다면 읽어 보라. 루이스는 단일 위격의 신인 악마와, 자신의 사랑의 샘을 부어 주시는 하나님을 명확하게 대조한다. 이 책에서 스크루테이프는 사탄의 부대 내 어떤 지위에 있는 가상의 악마인데, 더 어린 악마에게 그들의 적인 하나님에 대해 조언하기 위해 편지를 쓴다. 그리고 스크루테이프가 다음과 같이 말하는 것을 보면 그는 제대로 이해하고 있다.

사람들을 향한 그의 사랑과 완벽한 자유를 가져다주는 그의 섬김을 이야기하는 모든 말은 (우리가 기꺼이 믿는 것처럼) 단지 선전이 아니라 소름끼치는 진실이라는 사실을 직시해야 해. 그는 수많은 혐오스러운 작은 그 자신의 복제품으로 정말 우주를 채우고 싶어 해. 그들은 그 삶이 아주 작은 규모지만 질적으로 그의 삶과 같을 피조물들이야. 이는 그가 그들을 흡수했기 때문이 아니라 그들이 자기 의지로 자유롭게 그의 뜻을 따르기 때문이야. 우리는 나중에 음식이 될 가축을 원하지만, 그는 마침내 아들이 될 종을 원해. 우리는 빨아들이기를 원하지만, 그는 나눠 주기를 원해. 우리는 비어 있다가 채워질 테지만, 그는 가득 차 있어서 흘러넘쳐.[2]

스크루테이프는 하나님을 보고 간담이 서늘하지만 그가 정확하다!

그것이 하나님이 그렇게 사랑스러운 이유며, 우리가 나가서 그분에 대해 이야기하고 싶은 이유다.

그런데 비극은 아주 많은 사람이 살아 계신 하나님을 악마 같은 존재로 생각한다는 것이다. 특히 선교에 관해서 그렇다. 마치 하나님을 그저 취하고 가져가고자 하시는 분처럼, 사랑의 접근이 아닌 정복을 위해 선교하러 가시는 분처럼 생각한다. 그러나 악마와 삼위일체 하나님의 차이는 이보다 더 극명할 수 없다. 악마는 샘 많고, 욕심 부리고, 항상 빼앗는 반면—이것이 죄가 절대 만족을 주지 못하는 이유다. 왜냐하면 죄는 약속한 만족을 주기보다는, 항상 빼앗아 가고, 결국 훔쳐 가기 때문이다—살아 계시는 하나님은 그분의 본성상 아주 풍성하고 생명을 주시는 분이다. 하나님은 관대하시다. 그분은 외향적이시다. 사실 사랑은 이 하나님과의 상호 작용이 아니다. 하나님이 주도권을 잡고 계시기 때문이다.

그리고 그것이 모든 선교의 근원이다. 그것이 하나님이 그렇게 사랑스러우신 이유며, 우리가 나가서 그분에 대해 이야기하고 싶은 이유다. 또 그것이 우리가 행동하는 이유다. 하나님의 본질적인 성품이 사랑임을 기억하라. 그것은 인색한 사랑이 아니라 기꺼이 쏟아붓는 샘 같은 관대한 사랑이다. 이 관대한 하나님의 기쁨은 아들을 곁에 두심으로써 풍성해진다. 그분은 그분의 사랑이 가득 차게 하시려고, 그것을 그분의 형상을 지닌 피조물과 공유하시려고, 그분의 아들이 많은 이들의 맏아들이 되게 하시려고 창조하셨다. 창조는 사랑의 확산과 외적 폭발의 시작이다. 이 하나님은 사탄의 탐욕스럽고, 굶주리고, 이기적인 공허함과 정반대이신 분이다.

선교는 풍성한 사랑에서 흘러나온다

만약 그리스도인의 삶이나 선교를 근본적으로 마지못해 맡아야 할 어떤 의무라 생각한다면, 그것을 제대로 파악하지 못한 것이다. 당신은 이 하나님이 누구신지 이해하지 못하고 있다. 의무감으로 그저 마지못해서 하는 선교와, 정말 유쾌하고 즐겁고 목숨을 바치는 선교의 차이를 알아보고자 한다면, 그 비결은 우리 하나님이 누구신지 아는 데 있다.

이 하나님은 단지 그분 자신의 즐거움을 위해 당신에게서 무언가를 요구하시는 분이 아니다. 오히려 당신의 선교가 그분이 누구신지에서 시작되었음을 알아야 한다.

하나님은 넘치게 은혜로우시고 사랑이 많으시므로, 당신을 사랑하심으로 그 사랑을 시작하셨다! 바울이 말하듯이, 우리가 잃어버린 바 되고 멀리 떨어져 있었을 때 "우리가 아직 죄인 되었을 때에" 그리스도 예수께서 우리를 위해 죽으셨다(롬 5:8). 우리의 선교는 하나님의 삶에 참여하는 것이다. 우리는 먼저 그분이 얼마나 은혜로우신지 발견하고, 그분이 얼마나 사랑이 많으신지 깨닫는다. 그러고 나서 나가서 그분의 기쁨을 전하기 시작한다. 이 하나님에 대한 모든 것은 은혜롭고 흘러넘친다. 그것이 그분이 창조하신 이유고 구원하신 이유다. 그분이 **기꺼이** 자비를 베푸시는 하나님이기 때문이다.

시편 19:1은 "하늘이 하나님의 영광을 선포하고"라고 일깨워 준다. 우리는 이 구절을 읽고 쉽게 이렇게 생각한다. '하나님이 왜 창조를 하셨지? 그래, 성경이 하늘이 하나님의 영광을 선포한다고 말해, 그래서 내가 하나님의 광대하심, 자연을 다스리시는 하나님의 능력을 보고 있는 것 같아.'

다음에 기회가 된다면 밤하늘을 쳐다보고, 그 별들 속에서 창조주의 능력**만** 보고 있는 것이 아님을 묵상해 보라. 우리는 우주의 광대함 안에서 능력만 보는 것이 아니다. 하나님의 능력은 그분이 어떻게 창조하셨는지를 알려 주지만 그 이유는 알려 주지 않는다.

아주 어두운 밤, 하늘을 응시했던 때를 생각해 보라. 무수히 많은 별들! 하나님은 그저 얼마 안 되는 별을 흩뿌리시지 않았다. 오히려 그분의 방식은, 수십억 개의 별을 하늘에 터뜨리시는 것이다! 그리고 그것은 우리가 그분이 하신 위대한 일에 경외감을 느끼게 하기 위해서만이 아니다. 그것은 그분의 자비로운 관대하심의 표현이기도 하다. 그분은 또 하늘에 비를 내리는 구름을 두셨다. 세상에 온기와 생명과 빛을 주는 태양도 두셨다. 우리가 밤에 앞을 보지 못하는 일이 없도록 어둠 가운데 있는 빛으로 달도 창조하셨다. 그분은 당신이 매초 숨을 쉬어 숨이 멎지 않도록 온갖 공기 분자, 아주 작은 질소와 산소 뭉치를 창조하셨다.

그것이 하나님이 창조하신 이유다. 하나님은 순전히 그 관대함이 흘러넘치셔서, 이 세상의 삶과 건강과 즐거움을 위해, 당신에게 필요한 것과 당신이 필요한 것 그 이상을 주시기 위해, 창조하셨다.

다음에 하늘을 쳐다보며 구름과 달과 별들을 응시할 때, 그 거대한 덮개가 하나님이 관대한 사랑의 하나님이 되신 결과임을 명심하라. 이 거대한 천체가 그 자리에 그대로 있다는 것은 그분의 사랑이 끊이지 않음을 보여 준다. 그리고 그분의 사랑은 기념비적인 창조물들에만 쏟아 부어진 것이 아니라, 당신에게 그리고 나에게도 세심한 관심을 기울이신다. 그분은 당신의 머리카락 개수를 아시며, 심지어 흔한 참새가 떨어지는 것에도 주의를 기울이시는 하나님이다. 그리고 그분의 사랑으로 인해, 이 모든 것이 그 아들을 통해 지탱되고 그 영을 통해 숨을 쉰다. 바로 사랑과 관대하심이 창조의 기원이다. 그것은 구원의 이유이기도 하고 선교의 이유이기도 하다. 모든 사랑은 하나님에게서 흘러나온다. 우리가 길을 잃은 자와 연약한 자들과 죽어 가는 자들에게 베푸는 긍휼은, 하나님으로부터 비롯된 첫사랑의 표현이자 그 사랑이 흘러넘친 것이다. 우리는 삼위일체에서, 모든 사랑 배후에 있는 사랑, 모든 기쁨 배후에 있는 기쁨, 모든 생명 배후에 있는 생명을 본다. 삼위일체가 모든 선교의 발걸음과 모든 긍휼의 기원이다.

마르틴 루터(Martin Luther)는 그것을 이렇게 표현한다. "하나님의 사랑은 만족을 주는 것을 찾지 않고 창조한다.…하나님의 사랑은 자체의 유익을 추구하기보다는 흘러나와 선을 베푼다. 그래서"—이 글은 500여 년 전에 쓰였지만, 지금 우리를 위해 쓰였을 수도 있다—"죄인들은 사랑받기 때문에 매력적이지, 매력적이기 때문에 사랑받는 것이 아니다."[3]

이는 쉬운 개념처럼 보이지 않을지 모르지만, 사실은 쉽다. 이 상품을 구매하고 그 유명 인사를 따라하면 더 매력적으로 변해서 더 사랑받을 것이라는 메시지를 미디어가 우리에게 어떻게 쏟아내는지 생각해 보라. 그러나 하나님은 그렇지 않다. "죄인들은 사랑받기 때문에 매력적이지", 그 반대가 아니라는 마르틴 루터의 말에 머물라. 그리고 이 하나님이 당신 마음의 가장 깊은 부분을 아시며, 당신의 더러움과 당신을 수치스럽게 하는 것들을 아심을 알아야 한다. 사실 그분은 당신보다 당신에 대해 훨씬 많이 아신다. 주변 사람들은 알지 못하는 더러움과 수치스러운 것이 있기 때문에 은혜가 당신을 지나칠 것이라고 느낄 수도 있다. 아니다. 그렇지 않다. 삼위일체 하나님은 그렇지 않다. 이 하나님은 본성적으로 아주 사랑이 많으시기 때문이다. 그분은 **자비를 베**

풀기를 즐겨하시는 하나님이다.

그리스도의 피에는 당신의 모든 죄에 있는 것보다 더 많은 능력이 있음을 깨달으라. 이런 문장을 읽을 때 이 표현들이 당신의 마음을 세게 때리는가? 지금 마음에 어떤 냉담함, 고백하지 않은 어떤 죄가 있다면, 그것을 가리거나 숨기려 하지 말고 그리스도께 내보이면 어떻겠는가? 바로 지금 그분을 영광스러운 구세주로 삼고, 이 하나님이 당신과 나같이 깨어지고 엉망이 된 실패자들에게 은혜로우신 구원자이심을 경험하라. 우리 하나님이 얼마나 사랑이 많으시고 선하신지 깨달으면 이렇게 생각하게 된다. "그분이 정말 나를 사랑하신다면, 겉으로 보이는 가면이 아니라 나를 사랑하신다면…내 죄보다 그분의 은혜에 능력이 더 있다면…정말 하나님이야!" 세상이 주는 다른 무엇보다 더 즐겁고 만족을 주시는 하나님이 여기 계시다. 세상이 있기 전부터 찬양받기에 합당하신 하나님이 여기 계시다.

오직 삼위일체 하나님만이 우리에게 참으로 좋은 소식을 주실 수 있다. 오직 삼위일체 하나님과 함께라면 우리는 마지못해 가는 것이 아닌, 크게 기뻐하며 선교사로 나가려는 갈망을 갖는다. 그분이 자비로우신 분임을, 그분이 아름다우신 분임을 알기 때문이다. 하나님은 나 같은 사람에게도 자비와 아름다움과 은혜를 베푸셨다. 그리고 그분이 그렇게 선하시고 다른 무엇보다 선하시기 때문에 나는 온 세상과 그분을 나누고 싶다. 그렇게 부름 받기도 하겠지만 말이다.

이러한 경탄과 경외심은 어떻게 가지게 될까? 하나님을 더 잘 알기 위해 애쓰고, 무릎을 꿇고 하나님을 더 잘 알게 해 달라고 기도하라. 성경을 펼치고 그 안에서 경이로운 것들을 보게 해 달라고 간구하라. 그분의 사랑에 경탄하여 전율하도록 하나님의 아름다우심을 볼 수 있게 해 달라고 간구하라. 그러면 수치가 사랑으로 바뀌고 죄책감이 기쁨으로 바뀜을 깨달을 것이고, 더 깊이 들어가 우리 세상의 어두움을 없애는 하나님의 사랑과 자비의 영광스러움을 보기를 원할 것이다.

> 오직 삼위일체 하나님만이 우리에게 참으로 좋은 소식을 주실 수 있다.

삼위일체 하나님이 선교가 시작되는 곳이다. 그분을 알기 위해 애쓴다면, 죄책감과 고역에서 벗어나 그분의 선교에 기쁘게 함께하게 될 것이다. 이것이 이 책에서 당신이 발견하기를 바라는 바다. 나는 당신이 내키지 않는 죄책감을 버리고 이 아름다우신 하나님을 알게 되기를 바란다. 그분을 당신의 구주이자 구세주로 삼아라. 그분이 실패한 사람들을 정말 사랑하시고 충분히 그들의 모든 죄를 사하실 수 있음을 깨달으라. 그러면 죄 사함을 받고 자유를 얻은 당신은 나가서 세상을 향해 그분을 찬양하고 싶어질 것이다.

나눔 질문

1. 당신은 **선교**를 어떻게 이해하고 있는가? 저자는 왜 선교하러 나가는 것을 일차적인 것이 아닌 이차적이라고 말하는가? 그의 논거를 설명해 보라. 무엇이 일차적**인가**?

2. 일부 기독교 전통은 삼위일체를 많이 논의하지 않는다. 당신은 삼위일체를 어떻게 이해하고 있었는가? 삼위일체가 어떻게 '작동되는지' 설명하려고 시도하는 실례들에 대해 어떻게 생각하는가?

3. 하나님을 아버지라 부르는 것이 왜 그렇게 중요한가? "당신이 하나님이라고 상상해 보라. 당신은 신의 지혜와 능력으로 왜 우주를 창조했는가? 그 이유는 무엇인가? 왜 그 일을 했는가?"라는 정신 훈련으로 얻은 당신의 답을 설명해 보라.

4. 단일 위격 신은 성품과 행동 면에서 삼위일체 하나님과 어떻게 다른가?

2장

하나님의 영광

세상의 빛

오, 하나님, 당신의 선하심을 맛보고 나니, 만족감도 느꼈고 더
갈증도 났습니다.

_토저(A. W. Tozer)

하나님은 풍성한 사랑이 흘러넘치는 샘이시듯, 어두운 세상
속에 비치는 한 줄기 빛이시기도 하다. 하지만 하나님은 그
빛을 행성 표면에만 비추시는 것이 아니다. 상대적으로 복
음이 알려지지 않은 어두운 나라와 도시와 대륙에만 빛을
비추시는 것이 아니다. 그렇다. 우리 하나님은 어두운 구석

중에서도 가장 어두운 곳인 인간의 마음에도 빛을 비추신
다. 그분의 사랑의 광휘와 빛의 광선으로 그 음침한 지하 감
옥을 여신다. 그리고 이러한 내적 작업은 새신자만이 아니
라 이미 하나님을 찾은 오래된 그리스도인을 위한 것이기도
하다. 이들 둘 다 하나님이 그들 마음에서 일하시는 것을 경
험한다.

성령 하나님의 사역

삼위일체의 어떤 위격이 이 사역을 수행하시는가? 이는
하나님의 영의 특별한 역할이다. 성령의 첫 번째이자 주요
한 사역이 우리 마음을 변화시키시는 것이다. 로마서 5:5은
"우리에게 주신 성령으로 말미암아 하나님의 사랑이 우리
마음에 부은 바 됨이니"라고 말한다. 또 그분이 특별히 그렇
게 하시는 방식이 요한복음 15:26에 나온다. 예수님은 "보
혜사 곧…진리의 성령이 오실 때에 그가 나를 증언하실 것
이요"라고 말씀하셨다. 이것이 바로 성령의 사역의 정수다.
성령은 겉으로 드러나는 우리 행동만 변화시키시는 것이 아
니라, 우리 마음 깊은 곳으로 내려가셔서 우리의 사랑의 대

상, 욕망의 대상, 바람의 대상을 바꿔 놓으신다. 그리고 그분은 우리 눈을 열어 예수님을 보게 함으로 그 일을 하신다.

내가 이 장을 성령께 초점을 맞춤으로 시작하는 까닭은, 성령께서 당신의 눈을 열어 예수님을 보게 하시는 것이 당신을 향한 나의 깊고 지속적인 소망이기 때문이다. 우리 삼위일체 하나님을 조금 더 분명히 보아서, 그저 피상적인 흥분만 느끼지 않고 그저 삶을 위한 꿀팁 같은 토막 정보만 찾지 않고, 마음 자체가 흔들리고 녹아내려서 하나님이 다른 무엇보다 더 만족을 주시는 분임을 발견할 수 있도록 말이다.

단순한 책이 그런 역할을 할 수 있을까? 단 한 장의 책을 읽는 것으로 오늘 당신이 변화될 수 있을까? 그렇지 않다. 책 자체는 할 수 없다. 그러나 성령은 이러한 짧은 글도 사용하실 수 있다. 나는 이 장에서 영원한 파문이 흘러나오는 것을 간절히 보고 싶다. 하나님의 영광이 세상 전역을 비추는 것을 간절히 보고 싶다. 하지만 그것은 우리의 마음이 변화되는 것으로 시작됨을 안다. 따라서 이 책을 읽을 때, 마음속으로 혹은 소리를 내어 이렇게 말하라. "아버지, 제 마음을 바꿔 주소서. 예수님이 다른 무엇보다 더 만족감을 주시고 더 기쁨을 주시는 분이 되게 하소서. 내 눈을 열어 주의 영광을 보게 하시고 변화되게 하소서. 그 놀라운 선물을 주시기를, 온화하시면서도 강하신 예수님의 이름으로 기도합니다." 당신이 간구했기 때문에 그분이 그렇게 하실 것이다!

하나님의 영광은… 선하다

이 장에서 내가 바라는 바는, 성령께서 우리 눈을 열어 하나님의 찬란한 영광을 보게 하시는 것이다. 내가 이런 엄청난 단어인 **영광**을 언급할 때 당신이 어떻게 생각할지 궁금하다. 이는 아주 자유롭게 사람들 입에 오르내리는 신학 용어 가운데 하나다. 당신은 하나님의 영광을 생각할 때 능력, 광대함, 거룩함을 생각하는가? 우리는 종종 하나님의 영광이 무슨 뜻인지에 대해 아주 혼란스러워하곤 한다. 그러나 출애굽기 33:18에 아주 놀라운 말씀이 있다. 모세는 여호와께 "주의 영광을 내게 보이소서"라고 말했다. 그러자 하나님이 어떻게 대답하셨는가? 놀랍게도 여호와께서는 "내가 내 모든 **선한 것**을 네 앞으로 지나가게 하고"라고 말씀하셨다. 그 영광이 절대 권력과 연관이 있는 듯한 다른 신들과 달리,

이 하나님의 영광은 순전하고 찬란한 선함이다. 그리고 우리는 성경 다른 부분에서 사랑, 인자, 긍휼, 은혜, 자비 같은 그분의 영광스러운 속성을 알게 된다. 하나님의 영광은 인간들에게 **선한** 것이다.

하나님의 영광을 이해한 한 사람이 바로 1700년대부터 많은 책을 쓴 뉴잉글랜드의 목사이자 신학자 조나단 에드워즈(Jonathan Edwards)다. (그가 수년간 매사추세츠에서 북미 원주민 선교 사역을 했다는 것도 언급하고 싶다. 따라서 다른 모든 것에 더하여 그는 선교사였다.) 사람들이 거룩함의 광채를 비추시는 하나님을 어떻게 경험하는지에 대해 그가 한 말에 귀를 기울여 보라. 아마 당신은 구약성경 몇 군데에서 사람들이 "우리가 하나님을 보았으니 이제 분명히 죽을 것이다"라고 말했던 경우를 기억할 것이다. 왜 그런가? 그들은 왜 죽을까? 에드워즈가 설명해 주는데, 아주 놀랍다. 그는 이렇게 말한다.

하나님은 무한한 광채를 발하신다. 그것은 태양 빛이 바라보는 눈을 아프게 하듯 고통을 주는 것이 아니라 오히려 기쁨과 즐거움을 넘치게 채우는 광채다. 사실, 하나님을 보고 살 수 있는 사람은 없다. 그러한 영광을 보면 인간은 압도당할 것이기 때문

이다.…연약한 인간에게는 바라볼 때의 기쁨과 즐거움이 너무도 강력할 것이기 때문이다.[1]

창조 이야기, 선교 이야기는 영광 이야기다.

알아챘는가? 하나님을 보면 쓰러지는 이유가 무엇인가? 당신이 생각하는 것과는 다르다. 당신이 쓰레기처럼 소각되어서가 아니다. 에드워즈는 우리가 기쁨과 즐거움이 넘쳐서 쓰러진다고 말한다. 너무 행복해서 터질 것이다. 우리 하나님이 그런 분이시다. 하나님을 멀리 계신 지루한 분으로 생각한다면, 당장 그만두고 당신의 눈을 열어 주시기를 기도하라. 하나님은 큰 기쁨을 주시는 분이기에 그분이 완전히 정체를 드러내시는 것을 본다면 행복이 폭발할 것임을 기억하라.

나는 지금 그 영광을 보기를 원한다. 창조 이야기, 선교 이야기는 영광 이야기다. 그리고 그것은 볼 만한 가치가 충분한 영광이다.

하나님의 영광의 빛

하나님은 창조를 시작하실 때 어둠에 대고 말씀하셨다.

창세기 1:2-3은 이렇게 말한다. "땅이 혼돈하고 공허하며 흑암이 깊음 위에 있고…하나님이 이르시되 빛이 있으라 하시니 빛이 있었고." 하나님이 말씀하실 때 무엇을 하시는 지 보이는가? 우리는 보통 말하는 것을 청각적인 것으로만 생각하지만, 이곳에서 그것은 시각적이기도 하다. 하나님은 하나님의 영광인 그분의 말씀을 내보내신다. 요한복음 1:5 이 말하듯이, 이 말씀은 어둠에 비치어 그 어둠을 이기는 빛 이다. 이 말씀은 "참 빛", 곧 세상에 와서 "각 사람에게 비추 는 빛"이다(요 1:9). 상상할 수 있겠는가? 우주는 바로 이렇게 시작된다. 어둠 가운데 빛이 있으라는 말이 언급되고, 그 빛 이 어둠을 몰아내기 시작한다. 그런 다음 우리는 요한계시 록 21장과 22장에서 세상이 끝날 때 그 미래의 사람들은 등 불이나 해나 달이 필요 없음을 알게 된다. 하나님의 영광이 새로운 도성, 새 하늘과 새 땅을 비추셔서 더는 밤이 없을 것이기 때문이다. 하나님의 영광이 만물에 충만하여 우리 마음과 세상에서 어둠을 몰아내실 것이다. 그러므로 하나님 의 거대한 성경 내러티브는 영광 이야기다. 그리고 그 영광 은 빛으로 그려진다.

그런데 "음, 모든 신이 그들의 영광이 승리하는 것을 보기

원해요"라고 말할 수 있다. 그러므로 '이 하나님의 이 영광이 정확히 무엇인가?', '그것은 무엇으로 구성되어 있는가?' 라는 질문을 하게 된다. 삼위일체 하나님의 경우, 그 영광은 놀라운 종류의 영광이다. 구약성경에서 히브리어로 '영광'이라는 단어는 무거움 혹은 무게와 관련이 있다. 그것은 실체다. 예를 들어 보자. 사무엘을 키운, 우리가 잘 아는 엘리 제사장은 노년에 등받이 없는 의자에서 뒤로 넘어져 목이 부러진다. 이유가 무엇인가? 사무엘상 4:18에 따르면 그가 **무거웠기** 때문이다. 이는 같은 단어다. **영광스러운**이란 '무거운', '실체의'라는 뜻이다. 하나님의 무거움, 하나님의 영광스러움이 그분의 실체, 그분의 존재다.

그렇다면 우리는 궁금해할 수 있다. 하나님의 무거움이 동네 양아치처럼 겁을 주는 것인가? 아니면 느릿느릿 움직이는 우둔한 황소처럼 둔하고 육중하고 느린 것인가? 전혀 아니다. 성경을 따라 하나님의 영광이 어떤 모습인지 이해해 보자. 그것을 이해하면—내 경험으로 보건대 이를 이해한 것은 아주 많은 도움이 되었다—정말로 하나님의 영광을 보고 하나님의 무거움을 제대로 인식하면, 그분은 다른 무엇보다 당신에게 만족감을 줄 것이다. 시선을 하늘에 고정하라. 나는 당신이 나와 함께 하늘도 그분 없이는 하늘이 아님을 발견할 수 있기를 정말 원한다. 하나님이 하늘과 땅의 닻이시다.

에스겔 1장은 성경에서 아주 놀라운 장이다. 거기서 우리는 하나님의 바퀴 달린 보좌가 영광 가운데 에스겔에게 다가오는 것을 본다. 예언자는 그발 강가에 서서 그것을 본다. 그리고 26-28절에 따르면, 그 보좌 위에는 "한 형상이 있어 사람의 모양 같더라.…사방으로 광채가 나며. 그 사방 광채의 모양은 비 오는 날 구름에 있는 무지개 같으니 이는 여호와의 영광의 형상의 모양"이다. 보이는가? 하나님의 영광의 형상이 사람처럼 보이고 밝은 빛처럼 보인다. 이 두 가지를 살펴보자.

먼저 빛이다. 사실, 성경에서 하나님의 영광은 여러 번 빛에 비유된다. "여호와의 영광이 그룹에서 올라와 성전 문지방에 이르니 구름이 성전에 가득하며 여호와의 영화로운 광채가 뜰에 가득하였고"라고 에스겔 10:4이 말한다. 또 우리는 에스겔 43:2에서 이런 말씀을 읽는다. "이스라엘 하나님의 영광이 동쪽에서부터 오는데 하나님의 음성이 많은 물소리 같고 땅은 그 영광으로 말미암아 빛나니." 또는 이사야

60:1은 이렇게 외치며 말한다. "일어나라. 빛을 발하라. 이는 네 빛이 이르렀고 여호와의 영광이 네 위에 임하였음이니라." 이 성경 구절들의 주제가 다 빛이다.

그리고 그날 밤 베들레헴 바깥 어둠 가운데서 양 떼를 지키던 목자들을 그려 볼 수 있겠는가? 복음서는 우리에게 무엇을 말하는가? "주의 영광이 그들을 두루 **비추매**"(눅 2:9). 혹은 예수님의 제자들이 그분이 변모되시는 상황에서 그분의 영광을 보았을 때, 그것은 무엇처럼 보였는가? "그 얼굴이 해같이 **빛나며**"(마 17:2). 순전하고, 흠 없고, 빛이 난다. 그리고 우리가 보았듯이 세상이 끝날 때 영원한 도성에는 등불이 필요하지 않다. 하나님의 영광이 그 도성을 밝혀 주기 때문이다(계 21:23; 22:5). 그러므로 하나님의 영광은, 우리 영혼을 비추고 깨우쳐 주는, 우리 몸에 생기를 주는 환한 빛 같다. 성경에 나오는 하나님의 영광이 빛나고 외향적이기 때문이다. 그것이 그분의 본성이다. 통제하거나 빼앗는 것이 아니라, 외향적이고, 너그럽고, 사랑이 풍성한 것이 그분의 본성이다. 그분은 우리에게서 빼앗으려 하지 않으신다. 그 빛은 자비로운 사랑을 내뿜는다. 청교도 존 오웬(John Owen)이 말했듯이, "사랑은 하나님이 앉으신 보좌에 둘린 빛과 영광이다."[2] 그러므로 하나님의 영광은 반짝이는 빛과 같다.

그런데 에스겔 1장에서 우리는 하나님의 영광이 사람처럼 보이는 것을 보았다. 그리고 사실 에스겔 3:23은 "여호와의 영광이 거기에 **머물렀는데**"라고까지 말한다. 그 영광은 서 있는 사람, 발이 있는 사람으로 그려진다. 하나님의 광채가 사람의 모습에서 보인다. 혹은 히브리서 1:3이 말하듯이, "이는[아들은] 하나님의 영광의 광채"시다. 아들, 세상의 빛이 그 아버지의 광채다. 그분은 아버지의 환한 영광을 밖으로 비추시는 분이다.

예수, 하나님의 영광의 심장

오늘날 어떤 사람들은 죄인들의 친구인 예수님에 대해서는 긍정적으로 생각하지만, '구약의 하나님'은 다른 누군가로, 훨씬 무섭고 극악무도한 분으로 생각한다. 그렇지 않다. 예수님 배후에 덜 사랑스럽고 긍휼과 은혜가 부족한 어떤 다른 존재가 있다고 생각한다면, 예수님이 하나님의 영광의 광채이심을 파악하지 못한 것이다. 하늘에 계신 하나님은 예수님과 다른 분이 아니다. 예수님이 하나님의 영광,

바로 그분 존재의 실체**이시다.** 예수님은 아버지가 어떤 분인지 정확하게 보여 주시는, 아버지의 광채이시다. 예수님은 빌립에게 "나를 본 자는 아버지를 보았거늘"(요 14:9)이라고 일깨우신다. 예수님이 나병 환자나 과부 엄마의 안쓰러운 상황을 보고 신음하시는 모습에서 그분의 긍휼을 볼 때, 그분이 세리와 죄인의 친구가 되셔서 그들의 죄를 사하시는 것을 볼 때, 그것이 하나님의 영광이다. 그것이 바로 드러난 하나님의 심장이다. 은밀하게 하늘에 계시는, 사랑이 없고 은혜롭지 않은 다른 하나님은 없다.

우리가 실제로 하나님의 영광이 어떤 모습인지 보는 때는, 예수님이 하늘에서 우리에게 내려오실 때다. 그런데 그분의 영광이 우리를 놀라게 한다. 우리는 그것이 초자연적으로 아주 강하리라 기대했는데 오히려 아주 초라하기 때문이다. 예수님이 어떻게 그분의 영광을 보여 주시는지 생각해 보라. 긍휼에서, 명성과 권력의 자리에서 내려오시는 데서 보여 주신다. 하늘의 왕자가 더러움과 수치 가운데 있는 우리와 함께하시기 위해 내려오실 때, 하나님의 영광이 우리에게 임한다. 물론 그 영광은 먼지투성이의 발과 암울한 인내의 모습만 보인 것은 아니다. 예수님은 자기 백성과 함께 축제를 즐기시고 그들과 좋은 것들을 나누신다. 예수님은 물을 포도주로 바꾸실 때 그 영광을 보여 주신다. 나사로를 죽은 자 가운데서 일으키실 때 그 영광을 보여 주신다. 또 성령께서 예수님께 속한 것을 그분을 따르는 이들과 나누심으로써 그분의 영광을 나타내신다(요 16:14). 알겠는가? 그분의 영광은 모두 그분의 것을 나누시는 것이다. 심지어 아들 됨, 아버지와의 관계도 나누신다. 그리고 그 모든 것이 역사의 정점, 우주의 시간표 전체에서 가장 위대한 순간에 이른다. 바로 그리스도께서 영광스럽게 되시는 때다.

> 하늘의 왕자가 더러움과 수치 가운데 있는 우리와 함께하시기 위해 내려오실 때, 하나님의 영광이 우리에게 임한다.

　나와 함께 요한복음 12장으로 가 보겠는가? 잠시 책을 내려놓고 성경을 찾아 다음 구절을 보기를 권한다. 나는 요한복음 12장을 아주 좋아하는데 특히 21절부터를 좋아한다. 왜 그런지 이야기해 보겠다. 내가 사역했던 런던 중심부의 교회에는 정중앙에 큰 강대상이 있고 그 주위에 좌석과 발코니석이 있었다. 그런데 설교를 하려고 강대상까지 올라가면 설교자만 볼 수 있는 곳, 즉 하나님의 말씀을 펼치려고 올라가는 바로 눈앞에, 요한복음 12:21이 있다. 그것은 유대인이 아닌 외국인 무리가 빌립에게 한 말이었다. "선생이여 우리가 예수를 뵈옵고자 하나이다." 그런데 그 강대상에 올라간 나에게도 하는 말임을 알게 된다. "마이클, 우리가 예수를 뵈옵고자 하나이다." 그것이 설교자로서 내가 해야 하는 일이다. **나를** 보여 주지 말라. 나를 보지 **말라. 예수님을** 바라보라. 그것이 신자로서 우리가 해야 하는 일이다. 사람들은 당신을 보고자 하지 않는다. 그들은 예수님을 보고자 한다. "선생이여, 우리가 예수를 뵈옵고자 하나이다." 멋진 인생의 모토다!

그런데 요한복음 12장을 계속 읽어 보라. 이후에 나오는 절들에서 예수님은 "인자가 영광을 얻을 때가 왔도다"(23절)라고 말씀하신다. 어떤 뜻으로 하시는 말씀인가? "내가 진실로 진실로 너희에게 이르노니 한 알의 밀이 땅에 떨어져 죽지 아니하면 한 알 그대로 있고 죽으면 많은 열매를 맺느니라"(24절). 그리고 혼란이 있을 경우를 대비하여 요한은 33절에서 아주 분명하게 말한다. "이렇게 말씀하심은 자기가 어떠한 죽음으로 죽을 것을 보이심이러라." 그렇다. 인자이신 예수님이 아버지의 영광이시고, 십자가, 곧 극도로 고통스럽고 수치스러운 이 끔찍한 십자가가 그분이 영광스럽게 되는 시간이다. 이는 하나님의 심장에 대한 가장 깊은 계시다. 영광은 십자가에서, 곧 하나님이 벌거벗고 피투성이가 되고 조롱당하고 고통으로 비명을 지르셨을 때 나타난다. 다른 신은 그런 영광을 원하지 않는다. 그러나 예수 그리스도 안에 계시된 하나님은 다르다. 그분의 영광은 주는 데서, 많은 열매를 맺도록 자기 목숨을 내려놓는 데서 나타난다. 삼위일체 하나님은 빼앗는 분이 아니라 주시는 분이다. 그리고 이는 선교가 무엇인가와 그것이 누구를 위한 것인가를 이해하는 방식을 완전히 바꾼다.

하나님의 외향적인 영광

선교는 하나님의 본성 자체를 드러내는 일이다. 우리가 그분을 위해 무언가를 하기 전에 이 하나님이 오셔서 우리를 위해 자기 목숨을 주셨다. 따라서 선교는 우리가 하는 무언가로 시작되지 않고 우리를 위해 행해진 무언가로 시작된다. 선교는 나누어 줄 무언가를 얻기 전에 생명의 선물을 받는 것과 관련이 있다. 그 때문에 요한복음은 실제로 20장에서 그 절정에 이른다. 아직 성경을 펼치고 있다면—앞에서

한 내 조언에 따라 눈앞에 성경이 있기를 바란다─성경을 가지고 있다면, 20장을 보라. 우리는 거기서 무엇을 찾을 수 있을까? 아마도 성경 전체에서 가장 위대한 두 선교 구절 중 하나일 것이다. 이 구절은 세상의 빛이 자기 백성을 불러 어둠 가운데 빛이 되게 하신다는 내용이다. 예수님이 하나님의 영광으로서 아버지의 빛을 비추시고, 또 자기 백성을 불러 세상의 빛이 되게 하신다.

20장의 배경은 이렇다. 부활 첫날 저녁이다. 21절에서 예수님은 모여 있는 제자들에게 "너희에게 평강이 있을지어다"라고 말씀하신다. 여기서 잠시 멈추어 보자. 예수님이 마지막으로 그들을 보았던 때를 기억하는가? 예수님이 그들을 마지막으로 본 이후로 그들은 무엇을 했는가? 겁이 나서 달아나서 흩어졌다. 예수님이 그들에게 하신 마지막 말씀은 그들을 위해 기도하시겠다는 것이었다. 그분은 그들이 모두 자신을 배반할 것을 아셨다. 그런데 그들이 자신을 배반할 것을 아시는 내내, 그들을 위해 기도하겠다고 약속까지 하셨다. 얼마나 자애로우신 우리 구세주신가! 그분은 당신이 그분을 배반할 것을 아주 잘 아신다. 아마도 이 책을 내려놓고 얼마 지나지 않아서 말이다. 그분은 당신이 신실하지 못할 것을 아신다. 그런데도 그분은 여전히 신실하시다.

그리고 그들이 그분을 배반하고 부인하고 버리고 나서, 우주의 주님이 이 죄를 지은 제자들을 향해, 이제는 그분의 부활하신 몸에 시선을 고정한 이들을 향해 말씀하신다. 그분이 처음으로 하시는 말씀은 무엇인가? "아, 이런, 잘하지 못했구나. 그렇지? 결국 너희는 실패자 떼거리였어." 아니다. 절대 아니다. 예수님이 그들에게 처음으로 하신 말씀은 "형제들이여, 정죄하지 말라. 너희에게 평강이 있을지어다"이다. 당신이 그분을 노골적으로 배반했는데 이 말을 들었다고 상상해 보라! 당신이 뒤통수를 때린 곳은, 바로 로마 군병들이 그들의 가시관과 못으로 그렇게 했던 그곳이었다. 그러나 예수님은 "너희에게 평강이 있을지어다"라고 말씀하실 수 있다. 십자가에서 그들의 죄를 모두 처리하셨기 때문이다. 완전히 끝났다. 오래된 독일어 단어가 말하듯이, 끝장났다!(Kaputt) 그들의 모든 죄가 그분의 피로 덮였으므로 그분은 그들에게 이렇게 말씀하신다. "너희에게 평강이 있을지어다. 아버지께서 나를 보내신 것같이 나도 너희를 보내노라. 이 말씀을 하시고 그들을 향하사 숨을 내쉬며 이르시되 성령을 받으라"(20:21-22). 이제 제자들은 선교를 위해 보냄 받을 때 필요한 권능을 받을 것이다.

놀라운가? 예수님이 여기서 기어를 바꾸시고 하나님과 인간의 관계 역사에서 어떤 새로운 일을 하고 계신가? 그렇지 않다. 예수님은 절대 그렇게 하지 않으시기 때문이다. 그분은 오로지 아버지께서 하시는 일을 하시고, 그것이 무엇이든 우리에게 주신다. 그분은 하나님이 그분에게 주신 것을 인간에게 주시는 중개자시다. 그것이 정확히 요한복음 15:9이 말하는 바다. "아버지께서 나를 사랑하신 것같이 나도 너희를 사랑하였으니." 이 책의 1장에서 우리가 발견했던 것을 기억하는가? 우리는 아버지께서 하시는 주된 일이 아들을 사랑하시고 그에게 그분의 사랑의 영을 불어넣으시는 것임을 배웠다. 그런데 그 아버지는 아들을 세상 속으로 보내기도 하신다. 그리고 속담처럼, 그 아버지에 그 아들이다. 아들이 아버지의 보냄을 받은 것처럼, 필연적으로 아들은 그분을 따르는 이들을 보내신다. 예수님은 그 자신이 보냄 받은 자로서 제자들을 보내신다. 그리고 그것이 선교의 모든 것을 바꾼다.

누가 그분의 선교에 참여할 수 있는가?

나는 특히 선교의 과업에 부적합하다고 느끼는 독자들이 이 부분을 읽기를 바란다. 아마도 선교라는 단어는 영적인 삶에서 추가적인 짐을 부담할 수 있는 열정적인 신자들을 위한 것이지, 당신같이 평범한 그리스도인을 위한 것은 아닌 것처럼 보일 것이다. 하지만 생각해 보자. 하나님이 하늘에 앉으셔서 이런 명령만 내리실 것 같지는 않다. "좋아, 거기 있는 너희들, 나가서 힘든 선교 사역을 해라. 누군가는 해야 해. 너희들이면 좋겠어." 우리가 종종 그렇게 느낄 수 있을 것 같기는 하다. 선교는 솔선수범하는 사람이나 외향적인 사람들을 위한 것 아닌가? 그건 대중 앞에서 일어나서 말할 수 있는 사람들을 위한 것이고, 그들은 사람들과 이야기 나눌 때 그냥 단어들이 떠오르는 것처럼 보인다. 그것은 전문가들을 위한 것이다. 그것이 그들이 하기로 되어 있는 일이기 때문이다. 그렇지 않은가? 그래서 당신은 이렇게 생각한다. '나는 그런 사람이 아니야. 알잖아, 나는 말할 때 더듬거려. 사람들에게 무슨 말을 해야 할지 모르겠어. 사람들 앞에서 수줍음을 많이 타. 나는 전도자도 아니고, 하나님에

대해 수월하게 말할 수 있는 사람도 아니야.'

하지만 우리 하나님은 전혀 다른 분이다. 선교는 그분의 존재 때문에 이미 시작되었다. 우리가 해야 하는 일은 참여하는 것뿐이다. 선교는 당신이 수행해야 하는 과제 목록으로 시작되지 않고, 당신을 향한 하나님의 사랑에서 시작되었다. 그분의 영광, 그분의 빛이 맨 처음 당신의 어둠을 쫓아버리기 시작했다. 완전하신 하나님이 이미 당신의 깨어짐을 고치기 시작하셨다.

어쩌면 당신은 수줍어하지 않는 사람일지도 모르겠다. 실제로 에너지가 많은 사람인가? 그렇다면 다음의 말은 이 책 전체에서 당신에게 하는 가장 중요한 말일 것이다. 당신이 자신만만한 그런 사람이라면 이렇게 생각한다. '그래, 내가 나가서 세상을 변화시킬 거야. 할 수 있어!! 땅끝까지 가서 성공할 거야. 그리고 자만하지 않아야 하지만'—이 부분은 당신 자신에게 하는 말이다—'예수님은 나 같은 사람이 그분의 팀에 있는 걸 영광스러워하셔야 해!' 아, 내 생각에는 당신에

> 선교는 그분의 존재 때문에 이미 시작되었다. 우리가 해야 하는 일은 참여하는 것뿐이다. 선교는 당신이 수행해야 하는 과제 목록으로 시작되지 않고, 당신을 향한 하나님의 사랑에서 시작되었다.

게 어려움이 다가올 것 같다. 당신은 깨어질 것 같다. 선교하러 나가는 것, 좋다. 그러나 탈진할 것이다. 선교는 자신의 에너지로 나가는 자발적인 사람들이 하는 것이 아니다. 사실은 정반대다. 깨어져서 당신이 전적으로 부족함을 깨달아야 한다.

그러나 힘을 내라! 여기 부족하다고 느끼는 사람들에게 격려가 되는 말이 있다. 하나님은 보통 우리가 깨어지는 지점에서 우리를 가장 효과적으로 사용하신다. 당신은 이렇게 생각할지도 모르겠다. '나는 어떤 은사들을 받았으니 그것을 하나님께 드릴 수 있어. 하지만 내 삶에는 이런 아주 흠이 있는 영역, 아니 이런 아주 엉망인 영역이 있어. 주님은 나의 좋은 특성은 사용하시겠지만, 흠이 난 부분이나 남이 모르는 그런 쓰레기 같은 것은 사용하지 않으실 거야.' 그러나 정반대일 수 있다. 주님은 우리가 심하게 깨어지고 가장 약한 지점에서 우리를 사용하시는 경우가 아주 많다. 그분은 강하고 자신감에 넘쳐 자신들의 에너지로 나가는 자발적인 사람들을 찾지 않으신다. 그것은 복음이 아니다. 오히려 깨어짐이 효과적인 섬김을 위한 주요한 자질이다.

만약 그리스도인으로서 깨어짐과 실패를 경험했다면, 당

신은 예수님의 도움을 받을 자격이 있는 사람이다. 깨어졌다고 해서, 실패자라고 해서 당신이 예수님을 위해 일할 자격이 없다는 뜻이 아니다. 그것이 바로 당신의 자격**이다**. 그러므로 깨어진 상태로 그분께 나아가라. 지금 당장이라도 나아가라. (무릎을 꿇을 필요가 있는가? 그렇다면 주저하지 말라.) 깨어진 상태로 하나님께 나아가, 그분의 영광, 그분의 사랑, 그분의 자비가 당신을 고치시도록 맡기라. 그럴 때 그분은 당신이 아주 극심하다고 느끼는 깨어짐조차도 사용하기 시작하실 것이다. 사실, 그 깨어짐이야말로 깨어진 다른 사람들을 위해 사역할 수 있게 해 주는 요인일지도 모른다.

세상이 정말로 필요로 하는 것은 무엇일까? 소셜 미디어의 각종 인플루언서, 할리우드의 배우, 인기 있는 운동선수, 외모와 재산과 비싼 장난감들을 가진 온갖 유명인들 같은 또 다른 완벽한 사람? 심지어 또 다른 유명한 그리스도인? 아니다. 세상은 하나님의 영광이 부유하고 요령 좋고 성공한 이들을 위한 승리주의적 권력 과시 같은 것이 아님을 들을 필요가 있다. 여기 낮은 자세로 고개를 숙이시는 하나님, 우리의 엉망인 상태를 자애롭게 다루시고 우리의 실패를 치료하시는 하나님이 계시다. 그리고 당신이 —당신조차도!—

나가 세상에서 그렇게 할 수 있다.

깨어짐은 그리스도인으로서 섬기기 위한 자격 요건이다. 당신은 그 깨어짐 때문에 선교할 때 훨씬 더 행복할 수 있다. 훨씬 더 긍휼하고, 훨씬 더 그리스도 같고, 훨씬 더 생산적일 수 있다. 이것이 복음의 이상하고 거꾸로 뒤집힌 세계다. 이 말은, 선교하시는 이 하나님의 본성 때문에 우리가 나가서 그분의 사랑을 나눌 때, 하나님께 동참하고 하나님 안에 있는 심오한 무언가를 비춘다는 의미다. 그분께 동참하여 긍휼의 마음으로 나아가 세상을 향한 그분의 사랑을 나누고 그분과 그분의 구원을 선포할 때, 그분의 외향적이고 관대한 삶을 공유한다는 것이다.

그가 도성 밖에 거하시다

지금까지 내 마음에 둔 많은 성경 구절을 나누었지만, 한 구절 더 소개하려 한다. 이는 예수님에 대해 중요한 무언가를 상기시켜 주는 구절이다. 히브리서 13:12은 이렇게 말한다. "예수도 자기 피로써 백성을 거룩하게 하려고 성문 밖에서 고난을 받으셨느니라." 예수님은 예루살렘 성문 밖, 해골의 곳으로 알려진 언덕에서 피투성이로 처형을 당하셨다. 로마인들은 주요 도로와 떨어진 그곳에서 사람들을 십자가에 못 박았다. 여기서 어떤 점이 중요한가? 이 구절은 예수님이 군인들에게 끌려가시긴 했지만, 자신의 의지로 기꺼이 안락한 곳, 가정과 안전과 도성의 삶 건너편으로 가셨음을 보여 준다. 예수님은 하나님의 백성이 있는 곳 건너편으로, 배척과 수치의 장소로 가셨다. 자신의 피로 하나님의 백성을 거룩하게 하시기 위해 이렇게 하셨다.

우리는 어떻게 반응해야 할까? 우리도 성문 밖으로, 그분께로 가자. 그분은 어디서 찾을 수 있을까? 통제되고 조용한 안쪽이 아니다. 주 예수님은 '저쪽 바깥'에 계시다. 안락하고 편히 앉아 있을 때가 아니라 밖으로 나가야만 그분을 찾을 수 있다. 예수님은 당신을 사랑하셔서 먼저 나가신 분이다. 그리스도인의 삶은 그분이 계신 곳에 있는 것이다. 위험한 바깥으로 나가는 것이다. 십자가와 쓰레기 더미와 강도와 무덤이 있는 곳, 거부의 장소로 나가는 것이다. 그 모든 것이 고대 로마 도시들 밖에 있던 것들이었다. 하지만 예수님은 기꺼이 그곳으로 가셨다. 우리도 그래야 한다.

또 다른 성경 구절 하나를 소개하고 싶다. 바로 유명한 선교 본문인 마태복음 9:36-38이다. 나는 당신이 이 구절이 얼마나 기이한지 알아챘으면 좋겠다. 이 구절은 익숙하지만 깊이 생각해 보면 기이하기도 하다. "[예수께서] 무리를 보시고 불쌍히 여기시니 이는 그들이 목자 없는 양과 같이 고생하며 기진함이라. 이에 제자들에게 이르시되 추수할 것은 많되 일꾼이 적으니"—여기가 이상한 부분이다—"그러므로 추수하는 주인에게 청하여 추수할 일꾼들을 보내 주소서 하라 하시니라." 왜 이 부분이 기이한가? 이렇게 말씀하시는 분이 예수 그리스도, 하나님의 아들이시기 때문이다. 그런데 왜 그분이 기도를 통해 다른 사람들의 도움을 받으셔야 하는가? 주님의 간단한 기도 한 번이 그들의 모든 합심 기도보다 훨씬 효과적이지 않을까? 그러니 그들이 기도하면 누가 신경 쓰겠는가? 예수님은 왜 직접 이를 위해 기도하지 않으시는가?

답은 물론 예수님은 그들이 그분에게 참여하기를 원하신다는 것이다. 예수님은 그들이 동역자, 하나님의 삶에 참여하는 동료가 되어, 그분의 사랑과 긍휼이 담긴 외향적인 삶을 공유하기를 원하신다. 그분은 도성을 떠나서 추수할 밭으로 나가실 때 우리가 함께하기를 원하신다. 그러면 마지 못하거나 스스로 동기를 부여하는 실패할 선교가 아니라, 기쁨이 충만하고 감사하며 동참하는 선교를 할 수 있다. 의무가 아니라 하나님의 위대한 뜻에 협력하는 일이 차이를 만든다.

그분의 기쁨이 흘러넘치다

400년 전에 살았던 영국의 청교도 리처드 십스는, 그리스도인들의 하나님 찬양이 아침 새들의 지저귐과 비슷하다고 말했다. 그는 이렇게 썼다.

봄철의 햇빛이 보잘것없는 피조물인 새들의 마음을 넓혀 노래하게 하듯이, 사람의 마음은 그리스도 안에서 하나님의 감미로운 사랑을 깨닫고 넓어져서 기쁨과 감사로 가득 찬다. 그 기쁨은 터져 나와 그의 삶 전체가 기쁨과 감사로 넘쳐난다.[3]

무슨 말인가? 어둡고 추운 밤이 어떤 것인지 알 것이다. 그때 새들은 잠잠하다. 둥지에 쪼그리고 앉아 있다. 그리스도인들처럼 말이다. 어둡고 추울 때 새들은 잠잠하다. 하지만 그러다 해가 떠서 그 작은 새들에게 빛을 비추어 그들을 따뜻하게 한다. 새들은 깃털이 부풀어 오르고 날갯짓을 한다. 그러고 나서 이른 아침의 지저귐으로 그들의 마음을 노래하기 시작한다. 십스는 정확히 그대로 하나님의 사랑의 빛이 그리스도인을 비춘다고 말했다. 하나님의 사랑의 빛을 쬐라. 그러면 예수님을 위해 노래할 것이다.

선교는 하나님과의 사귐을 누림으로써 사랑이 흘러넘치는 것이다. 아버지가 아들을 기뻐하고 아들이 아버지를 기뻐하고 성령이 그 사랑에 생기를 더할 때 우리가 함께한다면, 세상을 향한 그분들의 사랑을 공유하게 된다. 그렇게 우리는 우리가 예배하는 분처럼 된다. 그분을 찬양하고 싶을 때가 바로 이때다. 하나님의 사랑의 햇볕을 쬘 때 말이다. 예수님이 말씀하셨듯이 "마음에 가득한 것을 입으로 말[한다]"(mouth speaks from the overflow of the heart, HCSB; 눅 6:45).

만약 하나님을 사랑하지 않으면서 선교하러 가려 한다면, 사람들은 당신이 사랑하지 않는 하나님에 대해 들을 것이다. 그러면 그들이 그 하나님을 원하겠는가? 하지만 성령께서 우리 눈을 열어 모든 영광 가운데 계신 예수님을 보게 하시고 하나님의 참 모습을 보게 하신다. 하나님의 영광과 하나님의 사랑의 햇빛에 감화되면, 우리 마음속에 있는 것이 흘러넘쳐서 온 세상 앞에서 영광스러운 구세주를 찬양하게 될 것이다. 그리고 그렇게 하는 그 순간, 즉 실패한 사람들을 향한 예수님의 위대한 사랑을 진심으로 찬양할 때, "그래, 나는 실패자야, 그런데도 예수님이 나를 사랑하셔"라는 사실을 알게 될 때, 바로 그때 당신은 진짜로 찬양하기 시작한다. 그 찬양에는 진짜 능력이 있다! 당신은 하나님을 닮아 기쁨이 충만하고, 생명이 충만하고 열매가 충만하다.

당신은 무엇을 위해 사는가? 무엇을 사랑하는가? 그것이 진짜 기쁨을 줄 수 있는가? 이제 당신에게 간청하려 한다. 진짜를 가질 수 있는데 우상들에 안주하지 말라. 이제 삼위일체 하나님의 영광과 은혜보다 못한 것을 위해 살지 말라. 예수님의 영광을 위해 살고 죽으라.

> 우리 마음속에 있는 것이 흘러넘쳐서 온 세상 앞에서 영광스러운 구세주를 찬양하게 될 것이다.

좋은 일자리에 안주하지 말라. 그것은 만족을 주지 못할 것이다. 편안함에 안주하지 말라. 그것은 지루하다. 인기를 얻는 데 안주하지 말라. 그 느낌은 잠시 후에 사라진다. 지금 그런 것들의 매력에 빠지면, 나중에 그것은 당신을 상하게

하고 해칠 것이다. 그것들은 당신의 전면적인 헌신을 받을
만하지 않은 시시하고 지나가는 것들이다. 그것들에 안주하
지 말라. 하나님의 영광보다 더 만족감을 주고 더 기쁜 것은
없다. 더 못한 것을 좇는 데 자신을 빼앗기지 말라. 대신 오
늘 당신의 깃발을 꽂고 이렇게 말하라. "나는 무엇보다 예수
그리스도의 영광을 위해 살고 죽겠다."

나눔 질문

1. 성령께서는 우리 눈을 열어 "하나님의 찬란한 영광"을 보게 하신다. 우리는 "하나님의 영광"을 어떤 의미로 사용하는가? 이 장에서는 하나님의 영광을 어떤 단어들로 설명하는가? 조나단 에드워즈가 말하듯이, 하나님의 영광은 어떻게 당신에게 "기쁨과 즐거움을 넘치게" 채워 주는가?

2. 예수님은 요한복음 20:21에서 "너희에게 평강이 있을지어다"라고 말씀하신다. 이 말씀에는 그분의 어떤 자애로움이 담겨 있는가? 또 예수님이 제자들을 보내시는 그다음 부분도 당연히 예수님의 자애로움에서 나온 것이다. 어떤 점에서 그러한가?

3. "만약 하나님을 사랑하지 않으면서 선교하러 가려 한다면, 사람들은 당신이 사랑하지 않는 하나님에 대해 들을 것이다. 그러면 그들이 그 하나님을 원하겠는가?" 이는 저자의 합리적인 질문이다. 하나님을 향한 당신의 사랑과 당신의 선교는 어떻게 결합되어 있는지 설명해 보라.

하나님의 부요
삼위일체가 없는 메마른 땅

하나님이 없으면 의미가 없다(no sense)는 말은 타당하다(make sense).

_에디스 쉐퍼(**Edith Schaeffer**)

지금까지 이 책은 삼위일체가 선교의 엔진, 연료임을 살펴보았다. 하나님이 삼위일체이시기 때문에 하나님은 사랑이시고, 이는 우리가 복음을 선포하는 이유다. 또 하나님이 삼위일체이시기 때문에 하나님은 외향적이시고, 이는 우리 역시 밖으로 나가도록 유도한다. 우리 어깨에 놓인 부담스러운 의무가 아니라, 하나님이 먼저 우리에게 오신 것에 대한 우리 마음의 자연스러운 반응으로서 말이다.

이제 이 장에서는 그 반대에 대해 생각해 보고자 한다. 당신에게 삼위일체 하나님이 없다면 남는 것은 무엇인가? 삼위일체 하나님을 믿지 않는 사람들에게 안락함이나 예배의 근원, 삶의 이유는 무엇인가? 동방 정교회 신학자 블라디미르 로스키(Vladimir Lossky, 1903-1958)는 이렇게 말한 적이 있다.

> 모든 실재와 모든 사고의 유일한 근원인 삼위일체를 거부하면, 헛수고로 끝날 길에 전념하게 된다. 우리는 결국 아포리아[절망], 어리석음, 우리 존재의 붕괴, 영적 죽음에 처한다. 삼위일체와 지옥 사이에 다른 선택지는 없다.[1]

그가 전적으로 옳다. 그래서 그 이유를 살펴보려 한다. 우리는 그곳, 곧 삼위일체가 없는 땅이 건조하고 어두운 곳임을 살펴볼 것이다. 거기에는 빛이 없다. 풍성한 수확을 가져다주는 물이 없다. 그러한 황무지에서는 생명체가 나올 수 없다. 아무것도 흘러넘치지 않는다. 생명체의 습기를 빨아

먹고 오그라들게 하여 죽게 만드는, 무익하고 혹독한 바람만이 있다. 생명이 없는 모래, 신선한 바닷바람은 전혀 없는 뜨거운 사막만이 있다. 삼위일체가 없는 땅은 황폐하고 끔찍한 곳이다. 정말 그렇다. 과장이 아니다. 삼위일체가 없다면 살 가치가 없다.

왜 그런가?

두 가지 암울한 선택지

태초에 만물이 존재하기 전에 삼위일체가 없다고 상상해 보자. 무엇이 남았을까? 기본적으로 두 가지 선택지가 있다. 만물이 있기 전에 어떤 다른 신이 있지만 그가(혹은 그것이) 삼위일체가 아닐 수 있다. 그리고 두 번째 선택지는, 어떤 신도 없고 그래서 만물이 있기 전에 아무것도 없는 것이다. 모든 것이 무에서 나왔다. 그 원인을 헤아리기 어렵고 그 작동 방식이 전적으로 기계적인 빅뱅처럼 말이다. 그것이 전부다. 신이 있지만 그 신이 삼위일체가 아니거나, 모든 것은 무에서 그저 무작위로 나왔다.

그런데 이 두 선택지 모두에 음지도 있고 복잡함도 있

다. 예를 들어, 다신교 체제가 있지만 다신교 체제조차 삼위일체가 아닌 신의 노선을 택한다. 혹은 '무로부터'(out of nothing) 가설들이 있다. 이 가설들은 무한한 다중 우주 내에 있는 우리 우주에 어떤 변화의 요인이 되는 일종의 충격이 있었다고 제안한다. 그래서 우리 우주는 알려진 물리 법칙을 벗어나는 어떤 원리에 따라 존재하게 된다. 그러나 아무리 쪼개어 분석해도, 기본적으로 삼위일체론자가 아닌 사람은 모두 앞에서 언급한 두 체제 중 하나 아래에서 살게 된다. 신이 있지만 삼위일체가 아니거나, 신이 절대 없다는 두 체제 말이다. 그래서 잠시 그것이 어떤 모습인지, 삼위일체가 아닌 체제 아래 사는 삶이 어떤 것인지 살펴보고 싶다. 자, 나와 함께 삼위일체가 없는 땅으로 모험을 떠나 보자.

혼자인 신

먼저, 신이 있지만 삼위일체가 아닌 시나리오를 살펴보자. 그런 세상에서 사는 건 어떨까? 가장 유명한 예는 당연히 이슬람이다. 그래서 기독교 서적에 그리 자주 나오지 않는 일을 해 보려 한다. 코란에서 인용해 보려는 것이다. 나는 신학적으로는 말할 것도 없고 역사적으로도 그 경전을 사실로 인정하지 않는다. 단지 알라가 예수님 안에 계시된 하나님과 자신을 어떻게 구별하는지 정확히 보여 주고 싶다.

사람들은 흔히 이렇게 말하기를 좋아한다. "성경의 하나님, 코란의 하나님, 분명 같은 존재에 대해 이야기하는 거죠?" 그들은 일신교를 믿는 두 종교 모두 주권적인 창조주인 단 하나의 신적 존재를 믿는다고 듣고, 무슬림과 그리스도인 모두 같은 신을 단지 다른 각도에서 가리키고 있다고 추정한다. 그러나 그것이 사실인가? 내 말은 믿지 않아도 된다. 정확히 코란이 말하는 바에 귀를 기울이자. 이슬람교가 직접 하는 말을 들어 보라. 이 종교의 경전이 예배하라고 권하는 그 존재를 어떻게 정의하는지 보라. 그들의 신이 어떤 모습은 가지고 있고 어떤 모습은 가지고 있지 않은지 그 종교가 직접 내리는 정의를 보라.

이곳에 쓰려는 내용에 대해 먼저 독자들에게 사과한다. 그 내용이 거짓되고 신성모독적이기 때문에 그리스도인에게는 불쾌하기 때문이다. 첫 번째 예는 다음과 같다.

'삼위일체'라고 말하지 말라.

그만둬라. 그것이 너희에게 더 유익할 것이다.

신은 한 분이니

─다음에 아주 불쾌감을 주는 부분이 있다 ─

그에게 영광이 있을지어다.

그는 아들을 가진 이보다 (지극히 높다).[2]

두 번째 절은 다음과 같다.

말하라. "그, 알라는 한 분이다.

모든 것이 알라에게 의존하고 있다.

그는 낳지도 않고 태어나지도 않는다.

그와 같은 이는 없다."[3]

코란이 굳이 말하려 하는 것을 보라. 알라는 아버지가 아니다("그는 낳지도 않고"). 아들도 아니다("태어나지도 않는다"). 알라는 자신이 성경의 하나님이 아님을, 셋이 아님을, 할 수 있는 한 분명히 하고 있다. 그는 성부, 성자, 성령이 아니다. 알라는 아주 분명하다. 그는 자신이 다른 신이라는 것이 알려지기 바란다.

그러나 여기서 강조하고 싶은 것이 있다. 아주 근본적으로 알라는 어떤 신인가? 그의 특성에 대해 어떤 것을 알 수 있는가? 그는 무언가를 창조하기 전에 무엇을 하고 있었는가? 1장에서 일반적인 면에서 이 주제를 언급했다면, 여기서는 구체적인 종교, 구체적인 신에 초점을 맞추어 보자. 알라는 영원히 혼자였다. 따라서 그에게는 사랑할 이도 없었고 사랑할 것도 없었다. 영원히! 사랑은 그의 핵심적인 정서가 아니다. 사랑은 사랑받는 다른 사람을 필요로 하기 때문이다.

흥미롭게도 예언자 무함마드는 알라에게 99개의 이름이 있는데 그 각각이 그의 속성을 대변한다고 말했다. 그런데 그 이름 중 하나가 '사랑하는 자'로 번역될 수 있다. 하지만 당신은 이렇게 생각할지 모른다. '그가 어떻게 사랑하는 자일 수 있지? 그는 영원히 혼자가 아닌가? 그러면 무엇을 사랑해야 하지?' 그래서 이슬람 신학자들은 그 일이 어떻게 일어날 수 있는지 답을 생각해 내려고 노력했다. 이에 대해 가능한 두 가지 답변이 있다.

하나는 알라가 영원히 그의 코란을 사랑한다는 것이다. 코란은 그의 말로, 하늘에서 그의 곁에 있는 영원한 말씀이다. 그럴 수 있다. 그러나 그것은 우리가 의미하는 사랑은 아니지 않은가? 사물을 사랑하는 것, 그것은 취미에 더 가깝다. 그것은 관계가 아니다. 우리는 자동차를 사랑할 수 있다. 우표 수집을 사랑할 수 있다. 피시 앤 칩스를 사랑할 수 있다. 하지만 그것은 배우자와 사랑에 빠지는 것이나 갓난아기를 안고 있는 것과 같지 않다. 이는 흥미를 느끼는 물건이 아니라 사람과의 친밀한 관계다. 그리고 관계야말로 우리가 정말 '사랑'이라는 단어로 의미하는 것이다.

이슬람 신학자들 사이에서 더 인기 있는 다른 대안은, 알라가 그의 창조세계가 존재하기도 전에 끊임없이 그 창조세계를 고대하고 미리 사랑하고 있었다는 것이다. 그러나 이 생각의 문제가 보이는가? 그것이 그가 '사랑하는 자'라 불리는 이유라면(그가 그의 창조세계를 사랑하기 때문에), 알라는 '사랑하는 자'라는 존재가 되기 위해 창조세계가 **필요하다**. 그는 자신의 속성 중 하나를 위해 창조세계에 의지한다. 이는 이슬람교의 작은 모순 가운데 하나다. 이슬람은 말하고자 하는 바를 분명히 표현하려고 노력하지만, 논리정연한 신앙 체계로서 타당하려면 실제로 삼위일체를 믿는 일이 필요하다. 이슬람이 앞뒤가 맞지 않는 까닭은, 이 종교의 핵심 교리가 알라는 무엇에도 의존할 필요가 없다는 것인데, 여기서 이런 식으로 자기가 말한 그런 존재가 되기 위해 그의 창조세계에 의지하는 듯 보이기 때문이다.

정리해 보자. 알라의 특성에 대한 함축된 의미는 아무리 말해도 문제가 있다. 그가 영원히 본질적으로 사랑이 많은 자가 아니기 때문이다. 참 하나님과 달리 알라는 선은 물론 악의 근원으로도 불린다. 알라가 '긍휼한 자'나 '자비로운 자' 같은 긍정적인 칭호로 묘사될 수도 있긴 하지만, '오만한 자', '파괴자', '최고의 사기꾼' 같은 매력적이지 않은 이름으로도 불린다. 사실 코란의 약 스무 구절이, 알라가 사람들을 미혹하고 속이고 타락시킨다고 말한다. 예를 들어, 그는 그리스도인을 속여 십자가에 닮은 사람을 대신 써서 예수님이 죽었다가 다시 살아나셨다는 거짓을 믿게 한 자다.[4] '최고의 사기꾼'인 그가 유일한 참 신이라면, 그에 대한 신앙은 어떤 모습일 것 같은가? 아마 계속 확신하지 못하고 실제로 그를 무서워할 것이다.

무함마드의 후계자이자 가장 영향력 있었던 이슬람의 초대 칼리프 아부 바크르(Abu Bakr)에 대한 간단한 이야기를 해 보려 한다. 아부 바크르는 무함마드에게 직접 천국의 한 자리를 약속받았다. 아주 멋지게 들리지 않는가? 이는 무슬림에게 빌립보서 4:3에 맞먹는 것이다. 바울은 그 구절에서 글레멘드와 다른 그의 동역자들에 대해 "그 이름들이 생명책에 있느니라"라고 썼다. 나는 늘 이렇게 생각하곤 했다. "글레멘드로 살았으면 정말 좋았겠어. 그에게는 구원의 확신이 문제가 되지 않으니까. '내가 정말 구원받았나?' 하고 궁금해 했을지도 모르지. 하지만 이렇게 생각했을 거야. '그럼, 바울 서신의 바로 그곳에 내 이름이 생명책에 있다고 나와 있어. 문제없어.' 정말 멋지다!" 아부 바크르 역시 무함마드로부터 직접 그가 천국에 있게 될 것이라는 이런 약속을 받았다. 그러나 그럼에도 아부 바크르는 이렇게 말했다. "내가 천국에 한 발을 걸치고 있다 해도, 알라 때문에 나는 확신하지 못하고, 알라의 속임수로부터 안전하다고 느끼지도 못할 것이다."[5] 그는 알라를 믿을 수 없다고 확신했다.

분명히 말한다. 내가 무례하거나 경멸하는 것은 아니니 이해해 주기 바란다. 나는 그저 이슬람의 초대 칼리프의 말을 인용한 것뿐이다. 이는 종교적인 비방이 아니다. 이것이 정확히 이슬람이 당신에게 믿기 바라는 신이다. 모든 게 삼위 하나님과 얼마나 다른가! 알라의 경우 근본적으로 사랑이 많은 이가 아니므로 진실을 말하는 데 관심이 없다. 그는 자신의 목적에 도움이 된다면 기꺼이 속인다. 그것이 웅대한 계획에서 가장 중요한 것이다. 따라서 우리는 그를 신뢰할 수 없다.

다른 많은 영향이 있지만, 특히 다음 한 가지 특징이 이슬람 사회에 퍼져 나가는 것을 볼 수 있다. 영원히 사랑이 없는 신을 둔 파급 효과는 끔찍하다. 그 한 가지는, 신이 그 곁에 다른 이가 있는 것을 즐기고 기뻐하지 않는 종교에는 필연적으로 여성과 관련된 문제가 있다는 것이다. 그런 신과 함께하면, 사회는 항상 여성성과 함께 균형을 이루기보다는 오로지 남성적인 쪽으로만 기운다. 남성적인 면만 홀로 두드러진다. 따라서 여성은 배제되고, 베일로 가려지고, 열등하다. 차이 없이 동등하지만 실제로는 고유한 가치가 덜하다고 여겨진다. 이런 일은 항상 일어난다. 성 역학이 사랑이 기반이 되기보다는 힘이 기반이 될 것이다. 자신의 형상으로 남성과 여성을 창조하신(창 1:27) 성경의 하나님과 이런 결과를 대조해 보라.

삼위일체가 없으면 세상의 종교인들은 풍성한 사랑 대신

> 모든 게 삼위 하나님과 얼마나 다른가!

메마른 권력의 암울한 체제에 처해진다. 그것은 이슬람에만 나타나는 것이 아니다. 삼위일체를 믿지 않는 사람은 이 어둡고 메마른 땅에서 살 수밖에 없다.

신의 부재

단일 위격 신은 역사 내내 우리 문화에서 아주 매력적이지 않게 그려졌다. 이는 의도적으로 삼위일체적이지 않으려는 다른 종교들에서만 나온 것이 아니라, 삼위일체를 제대로 염두에 두지 않아서 하나님을 소름끼치고 하찮은 분으로 제시하는 일종의 사이비 기독교로부터도 나왔다. 이러한 각종 종교적인 불만족은 우리 문화에서 다른 대안을 부채질하고 있다. 그것은 이제 현대의 사고방식을 지배하기 시작한 것으로, 우리가 무에서 나왔고 신은 없다는 견해다.

얼마 전까지 우리는 우리 문화에 무신론(atheism)이 증가하고 있다는 이슈를 다루었다. 개인들 혹은 심지어 정권 전체가 어떤 신도 믿지 않았다. 그런데 오늘날은 그것도 과거 일이다. 지금 우리는 **반**유신론(**anti**theism)에 빠져 있다. 무슨 뜻인지 설명해 보겠다. 유신론은 신을 믿는 것이다. 접두사 'a-'는 '없는'이라는 의미인 반면, 접두사 'anti-'는 '반대하는'이라는 뜻이다. 따라서 반유신론은 무신론과는 다르다. 무신론은 신이 없다고 믿는 반면, 반유신론은 신이 **있을 수 있다**는 개념 자체를 혐오한다. 이는 종교적으로 중립적이지 않다. 오히려 적극적으로 하나님을 대적하고 암묵적으로는 신 개념을 제시하는 모든 사람을 대적한다. 이유가 무엇인가?

반유신론자들은 만약 하나님이 존재한다면 그것은 사회에 아주 나쁜 일일 것이라고 믿는다. 그리고 그들의 추론은 매우 흥미롭다. 유명한 반유신론자 가운데 하나로 고인이 된 크리스토퍼 히친스(Christopher Hitchens)가 몇 차례 사용했던 실례가 있다. 그는 하나님을, "새벽부터 땅거미가 질 때까지 무비판적 칭송을 탐하는…일종의 신적인 북한"에 비유했다.[6] 그는 한 케이블 뉴스 프로그램 인터뷰에서 하나님을 믿는 것에 관해 논하면서 이렇게 말했다. "그게 사실이라면 정말 끔찍하다고 생각합니다. 만약 신이 당신이 하는 모든 일을 영구적으로, 전체적으로, 밤낮없이 계속 감시하고 감독한다면, 깨어 있는 순간이든 잠자는 순간이든 수태된 순간부터 죽을

> 반유신론자들은 만약 하나님이 존재한다면 그것은 사회에 아주 나쁜 일일 것이라고 믿는다.

때까지 어떤 천상의 존재가 통제하고 감시하지 않는 순간은 절대 없을 것입니다.…그것은 북한에서 사는 것 같을 겁니다."[7]

그러나 여기서 그의 전제가 무엇인지 알겠는가? 히친스에게는 하나님이 무섭고 간섭하기 좋아하는 이다. 자신의 독단적이고 고압적인 규칙들을 아주 조금만 위반해도 언제든 비난하고 벌주려 하면서 당신의 일거수일투족을 지켜보는 존재다. 실제로 북한 정권이 그와 비슷하고, 다른 수많은 나라에서도 은밀한 장비가 당신을 감시할 수 있다. 그러다 비밀경찰이 급습하여 당신을 체포하여 처벌한다. 그리고 이런 사고방식에서는 하나님이 도청기와 인터넷 감시보다 훨씬 더 강력하다. 그분은 모든 것을 보신 다음 그것에 대해 당신을 벌한다. 제정신이라면 누가 그런 존재가 현존하기를 바라겠는가? 아마도 히친스는 하나님이 존재할 수 있다는 개념에 불만이 있었던 것이 아니라, 하나님의 성격이라 여긴 것에 불만이 있었던 것

> 만약 하나님이 근본적으로 인자하고 사랑이 많은 아버지시고 오로지 그런 식으로만 행동하신다면 어떻겠는가? 누가 그것을 원하지 않겠는가? 그러나 대부분의 사람은 하나님을 이런 식으로 이해하지 않는다.

같다. 그는 그 생각을 혐오한다.…아주 타당하다!

그러나 만약 하나님이 당신을 감시하는 하늘의 염탐꾼이 아니고, 당신의 반역죄를 찾기 위해 당신의 이메일과 문자를 읽는 독재자가 아니라면, 상황이 어떻게 바뀔 수 있을지 생각해 보라. 만약 하나님이 근본적으로 인자하고 사랑이 많은 아버지시고 오로지 그런 식으로만 행동하신다면 어떻겠는가? 그러면 그분의 지붕 아래 사는 일이 북한에서 사는 것 같지 않고, 사랑스러운 보살핌 아래 있는 것이다. 누가 그것을 원하지 않겠는가? 그러나 대부분의 사람은 하나님을 이런 식으로 이해하지 않는다. 그들은 만약 하나님이 전능하다면 틀림없이 나쁘다고 생각한다. 그런데 내가 발견한 것은 우리 문화에 무신론자나 반유신론자만 있지 않다는 것이다. 오늘날 다양한 대안적인 영성들로의 방향 전환, 즉 뉴에이지에서 신이교주의로, 주술 숭배로, 혹은 그저 평이한 옛 미신으로의 방황 전환은 모두 이런 종류의 두려움을 입증한다. 사람들은 보통 인격적인 하나님 개념을 혐오하기 때문에 그러한 신앙으로 들어간다. 그런데 실제로 그들이 인격적인 하나님 개념을 혐오하는 까닭은, 그 신을 곁에 있는 누군가에 대한 어떤 애정도 없는 단일 위격 신으로 생각하기 때문이다. 그러한 신은 전능하지만 사랑이 없다. 그리고 이는 실로 매력이 없다! 그러나 하나님은 그렇지 않다.

나는 대학생 선교를 꽤 자주 한다. 내가 대학 캠퍼스에서 복음을 이야기하고 선포하며 전도할 때 자주 경험하는 일이 있다. 무신론 단체가 다가온다는 것이다. 내게 그건 놀랍지 않다. 사실 나는 그런 일이 일어나도록 조장한다. 그리고 보통 그들을 알아챈다. 그들은 매우 침울하기 때문이다. 그리고 그들은 내게 다가와서 논쟁을 하고자 할 것이다. 그들은 "우리는 하나님을 믿지 않아요"라고 말할 것이다. 내가 하고 싶은 말은, "알았어요. 당신이 믿지 않는 하나님에 대해 이야기해 주시겠어요? 그는 어떤 분인가요?"이다. 그리고 아주 흥미로운 점은, 매번 그 사람들이 자신들이 믿지 않는 하나님을 묘사할 때 마치 마귀를 묘사하고 있는 것처럼 들린다는 것이다. 그들은 전능하지만 사랑은 없고, 변덕스럽고, 자기중심적이고, 야수 같고, 앙심을 품고 있고, 애정 어린 관심이 없는 신을 묘사한다. 그들의 신 개념이 성부, 성자, 성령이 아니라면 그들이 정확하게 옳다. 그래서 나는 그들에게 이렇게 말하고 싶다. "음, 나도 그런 신을 믿지 않아요. 그런 신 개념을 혐오해요. 내가 아주, 아주 다른 하나님에 대해 이야기해 줄게요."

고대 이교 신앙의 부활

불행히도 삼위일체에 대한 무지 때문에 하나님을 혐오하는 문화가 생겨나고, 이는 우리 사회를 다시 한번 이교 신앙으로 돌아가게 한다. 진리를 인정하지 않는 것이 이교 문화다. 그것이 어떤 모습인지 보기 위해 요한복음 18:28-40을 살펴보자. 이는 예수님이 빌라도 앞에 서시는 유명한 장면으로, 현대인들에게 아주 친숙하다. 이 총독 본디오 빌라도는 교양 있고 회의적인 이교도다. 그런데 예수라는 이 사람이 그의 재판관을 대면하고 있다. 빌라도는 그를 판결한다. 아니 아마도 더 정확하게는 빌라도가 그저 그분을 무시하는 것 같다. 이것이 오늘날 우리 문화가 서 있는 지점이다. 요한복음 18:33-38에서 빌라도는 예수님께 유대인의 왕이냐고 질문한다. 그러자 예수님이 "이는 네가 스스로 하는 말이냐. 다른 사람들이 나에 대하여 네게 한 말이냐"라고 대답하신다. 그러나 이는 오히려 단도직입적인 성향의 빌라도에게는 신학적인 헛소리로 보인다. 그는 **내가** 유대인이냐"라고 말한다. 그는 신학에는 관심이 없다. 그는 법적인 문제를 처리하기 원한다. 그는 "네가 무엇을 하였느냐"라고 묻는다. 예수님은 이렇게 답하신다. "내 나라는 이 세상에 속한 것이 아니니라. 만일 내 나라가 이 세상에 속한 것이었더라면 내 종들이 싸워 나로 유대인들에게 넘겨지지 않게 하였으리라. 이제 내 나라는 여기에 속한 것이 아니니라."

그러고 나서 여기서 빌라도가 무엇을 하는지 주시하라. 그는 당면한 법적 이슈라 생각하는 데로 되돌아가려 한다. 반역죄, 로마 황제에게 맞서는 범죄의 가능성을 본 것이다. 그래서 "그러면 네가 왕이 아니냐"라고 묻는다. 그러자 예수님이 당연히 빌라도가 불만스러워할 대답을 하신다. "네 말과 같이 내가 왕이니라. 내가 이를 위하여 태어났으며 이를 위하여 세상에 왔나니 곧 진리에 대하여 증언하려 함이로라. 무릇 진리에 속한 자는 내 음성을 듣느니라." 빌라도는 그분께 "진리가 무엇이냐"라고 묻는다. 빌라도가 손을 흔들며 비웃는 모습이 보이는 것 같다. 그는 그렇게 말한 후 유대인 무리가 있는 밖으로 다시 나간다. 그는 예수님께 귀 기울이지 않는다. 실제로 삶의 의미를 논하려 하지 않는다. 그저 조롱하는 질문을 하고 떠나 버린다.

이천 년 후에도 그 사조는 여전히 우리 문화의 특징이다. 내가 사는 유럽에서는 분명히 그렇다. 유럽 문화는 진리에 회의적이고 진리를 아주 싫어한다. 그리고 이 때문에 그 문화는 혼합주의적이며 이교적이다. 진리라는 개념에 맞닥뜨릴 때―우리 주변에서 이런 모습을 점점 더 많이 보지 않는가?―사람들은 빌라도처럼 손을 흔들며 "진리가 무엇이냐"라고 묻고는 외면한다. 정말로 그 질문을 하지는 않는 것이다. 그들은 정말로 궁극적인 의미를 찾으려고 애쓰는 진리 추구자가 아니다. 그들은 그 모든 일을 무익한 과업으로 본다. 진리는 조롱받는, 지난날의 깨진 꿈 같은 것이기 때문이다. 나는 유럽 상황을 묘사하고 있지만 어떤 측면은 미국에서도 익숙할 것이다. 미국과 유럽은 유사한 면들이 있다. 그러나 우리는 유럽에서 상황이 얼마나 더 진전되었는지 알아야 한다. 현재의 추세가 계속된다면 미국 역시 그런 방향을 향해 가기 때문이다.

> 진리라는 개념에 맞닥뜨릴 때 사람들은 빌라도처럼 손을 흔들며 "진리가 무엇이냐"라고 묻고는 외면한다. 정말로 그 질문을 하지는 않는 것이다.

유럽 대륙 전체에 걸쳐 교회의 회중 규모를 보자면, 미국

회중이 유럽 회중보다 스무 배 이상 많을 것이다. 그러므로 유럽 교회들이 어떤 모습인지 알기 원한다면, 미국 교회를 떠올린 다음 회중 20명당 19명을 빼라. 몇 명이 남았든 그것이 유럽 교회의 모습이다. 그런 다음 기독교 신앙이 무엇인지에 대한 기본 지식을 제거하라. 기독교에 대해 전혀 모른 채 시작하는 사람들, '예수'라는 이름을 전혀 듣지 못한 사람들, 교회를 살아 있는 예배 처소로 여긴 적이 없는 사람들, 성경 내용에 대해 아무것도 모르는 사람들로 구성된 교회들을 더하라.

> 사회는 일관성을 부여할 수 있는 진리를 잃어버렸다. 그리고 더는 하나님의 질서 정연한 세상에서 살지 않는 사람들은 혼돈되고 끔찍한 우주에서 살고 있다고 느낀다.

또 정치 쪽에서 발생하는 차이들도 볼 수 있다. 미국에서는 대통령 후보가 하나님을 언급하면 아마 당선 가능성에 도움이 될 것이다. 영국에서 총리 토니 블레어가 자기 신앙에 대해 질문을 받은 것이 20여 년 전이었다. 그의 공보 비서가 끼어들어 "우리는 하나님을 믿지 않습니다"라고 말했다. 유럽에서는 '하나님'을 언급하는 것이 도움이 되지 않을 것이다. 오히려 당선 가능성이 줄어들 것이다. 그리고 유럽

이 진리에 대한 본디오 빌라도의 회의주의로 돌아갔다는 사실은, 현대에 이러한 고대의 이교 문제가 있다는 의미다.

나는 영국인이다. 그러니 대서양 반대편에서 약간의 조언을 하는 것을 허락해 주기 바란다. 미국에 닥칠 일을 감지하라. 사람들은 이렇게 하나님을 떠나기를 원한다. 그것이 자유처럼 보이기 때문이다. 어쩌면 가출하는 어린아이 같다. 그러한 탈출이 처음에는 해방으로 느껴지지만, 밤이 되면 상황은 위협적으로 변한다. 그러고 나면 따뜻한 가정에서 안전하게 있는 것이 더는 그리 나빠 보이지 않는다. 그러나 부모님과 따뜻한 침대에 다시 감사하며 집으로 돌아오는 아이와 달리, 오늘날 종교적 구도자는 집에 오는 일에 흥미가 없다. 그들은 지옥을 만나든 홍수를 만나든(둘 다 만날 수도 있다!), 하나님 없이 앞으로 전진한다. 그들은 자유를 아주 소중하게 여기고, 독립적인 인생행로를 마련하기 위해 하나님이 주시는 안락함을 기꺼이 포기한다.

정말 슬픈 일이다. 새로운 이교 신앙에서는 당신을 돌보는 은혜로운 관리인이 없다. 목적 있는 끝을 향해 창조세계의 키를 잡고 계신 주권자 하나님이 없다. 하늘 아버지의 애정 어린 용납도 없다. 소망이 없다. 당신은 사랑받지 못하고,

보호받지 못하고, 혼자다. 그리고 사람들은 하나님을 제거하고 거부함으로써 끝없는 무의미의 바다에서 표류한다. 사회는 일관성을 부여할 수 있는 진리를 잃어버렸다. 그리고 더는 하나님의 질서 정연한 세상에서 살지 않는 사람들은, 비인간적이고 무자비한 힘을 지닌 기계 장치에 사로잡혀 혼돈되고 끔찍한 우주에서 살고 있다고 느낀다. 그래서 사람들은 고통을 겪고, 만족하지 못하고, 필사적으로 주의를 다른 곳으로 돌린다.

좋은 소식: 끔찍한 땅에서 구조되다

삼위일체 하나님이 없을 때 얼마나 끔찍하게 슬픈지 알겠는가? 당신은 삼위일체가 없는 땅, 소망이 없는 땅에서 살수밖에 없다. 이것이 우리 하나님이 없는 세상 사람들이 살아가는 지점이다. 그들은 신뢰할 수 없는 거짓 신이나 그들이 공포를 느끼는 신, 혹은 전혀 신이 아닌 다른 존재와 함께한다. 부조리가 가득하다. 어디를 보던 무의미하다. 삼위일체와 함께해야만 우리는 실재에 대한 아주 멋지고 일관성 있는 의미를 발견한다. 삼위일체와 함께해야만 사람들이 들기 원하는 메시지를 줄 수 있다. "하나님의 전제 정치를 따르지 않으면 그분이 너에게 벌을 줄 거야" 혹은 "중요한 건 아무것도 없어. 너의 삶에는 궁극적인 목적이 없어"가 아닌 다른 메시지 말이다.

이 모든 것에 비추어 내가 당신에게 바라는 바는, 삼위일체가 선교의 원천이기만 한 것이 아니라, 복음 전파의 추진력이기만 한 것이 아니라, 매일 전도할 때 전해야 하는 진리임을 아는 것이다. 세상의 모든 종교는 다 똑같다고 말하는 사람들과 대화를 나눌 때, 우리는 "아닙니다. 삼위일체 하나님이 다른 모든 신과 얼마나 다른지 보여 줄게요. 그분의 성품은 확실히 구별됩니다. 이런 면에서요."라고 말할 수 있다. 무슬림과 대화할 때는 "내가 내 아버지 하나님의 사랑받는 자녀가 될 수 있는데, 왜 당신이 될 수 있는 최선인, 알라의 노예가 되고 싶겠습니까?"라고 말할 수 있다. '단일 위격 여호와'를 믿는 여호와의 증인을 만나면, 놀랄 것도 없이 당연히 그 집단 안에서 구원을 받아야 한다고 말한다. 그런데 그들의 여호와는 자비를 베풀 의향이 없기 때문에 노동은 필

> 삼위일체와 함께해야만 우리는 실재에 대한 아주 멋지고 일관성 있는 의미를 발견한다.

수적이고, 당신은 절대 그의 자녀가 되지 못할 것이다.

삼위일체 하나님은 세상의 모든 거짓 신과 전혀 다르다. 그런데 하나님 개념을 혐오하는 무신론자와 반유신론자에게는 영향을 미치지 못하는가? 전혀 아니다. 기독교의 하나님에 대한 그들의 시각은 우리가 사탄이라 부르는 존재와 더 비슷함을 보여 줄 필요가 있다. 그리고 대신, 그들의 허황한 꿈 너머에 계신 하나님, 그들이 항상 두려워하는 대로 섬뜩하지 않고 사랑스러우신 분에 대해 알려 주어야 한다.

선교의 하나님 알기

우리 그리스도인에게는 세상이 들어야 하는 하나님, 삼위일체 하나님이 계시다. 그러나 그 하나님에 대해 말하기 위해 먼저 우리가 나아가 그분을 알아야 한다. 이는 그리스도인의 삶에서 일어나는 하나의 전투인 것 같다. 하나님에 대한 당신의 견해는 너무 쉽게 덜 성경적이 되지 않는가? 당신은 하나님이 실제보다 애정이 덜하고 덜 은혜로우시다고 생각한다. 여기 그러한 경향을 점검할 수 있는 리트머스 시험지가 있다. 당신은 '하나님은 **내가 안정되어 있을 때만** 분명 나를 사랑하실 거야'라고 느껴 본 적이 있는가? 이는 하나님에 대한 비삼위일체적인 이해다. 세상 종교들의 신 같은 은혜가 없는 신이다.

사실 나는 그 말은 사탄이 복음을 뒤집은 것이라고 말하고 싶다. 삼위 공동체 내에서 영원히 사랑을 맛보신 이 하나님에 대해 말하자면, 이 하나님은 사랑**이시**므로 우리가 안정되기 전에 우리를 사랑하신다. 우리가 엉망진창인 상태로 깊은 구덩이에 있을 때, 그때가 그분이 오시는 때다. 그때가 주 예수 그리스도께서 우리를 위해 죽으러 오신 때다. 기독교 안에 당신이 자립하여 살아가기 위해 하나님께 감동을 주어야 할 부분이 있다는 생각은 하지 말라. 당신이 태어나기도 전에 그분이 손을 내밀어 모든 죗값을 완벽하게 치르셨다. 그분이 사랑하시는 백성들의 죗값 말이다. 뒤집힌 복음, 즉 당신이 더 매력적으로 되어야만 하나님이 당신을 사랑하신다는 말을 받아들이지 말라. 마르틴 루터의 글에서 읽은 내용, 곧 죄인들은 사랑받기 **때문에** 매력적이라는 말을 기억하라. 당신은 먼저 사랑받았다. 그리고 그 사실이 당신이 그에 대한 응답으로 그분을 사랑하게 만든다.

이 때문에 우리는 그렇게 은혜로우신 하나님에 관한 메

시지를, 세상에, 하나님이 진정 어떤 분인지 모르는 군중에게 가지고 가야 한다. 그들은 뒤집힌 복음만 알고 있으므로 그것만으로 살아갈 수 있다. 아주 슬픈 일이다. 기독교가 거의 들어가지 않은 듯 보이는 세상의 먼 구석에 대해서만 하는 이야기가 아니다. 한때 복음이 전해졌지만 지금은 거의 잊힌 곳들도 있다. 한때 세상 전역에 수많은 선교사를 파송한 유럽이, 지금은 수많은 선교사가 지구상에서 복음을 들고 들어가야 할 가장 도전적인 곳으로 꼽힌다. 내 고국의 상황은 절망적이다. 그래서 만약 당신이 '아마도 나가서 다른 사람들에게 복음을 이야기하는 데 목숨을 바쳐야 할 것 같아'라고 생각 중이라면 유럽을 고려해 달라고 말할 것이다. 그러나 어디로 가든, 바다를 건너든 길을 건너든, 사람들에게 이 하나님에 대해 이야기하라. 어떻게 하든, 하나님이 어떤 분이신가가 당신이 살아가려는 방식과 선교하려는 방식을 형성하게 하라.

> 어디로 가든, 바다를 건너든 길을 건너든, 사람들에게 이 하나님에 대해 이야기하라.

나눔 질문

1. 다른 종교의 신 이해에 관한 예로서, 이슬람의 신 알라는 자신의 창조세계와의 관계에서 성경의 하나님과 어떻게 다른가?

2. 무신론자는 어떤 이들인가? 반유신론자는 어떤 이들인가? 무신론자나 반유신론자가 그려내는 신에 대해 설명해 보라.

3. 삼위일체 하나님이 없는 황량한 곳을 묘사해 보라. 하나님이 정말 어떤 분이신지에 대한 그릇된 신앙은 어떻게 부조리와 무의미로 이어지는가? 삼위일체 하나님이 다른 모든 신과 어떻게 다른지에 대해, 친구에게 설명하는 것처럼 말로 표현해 보라.

4장

하나님의 빛
어둠 속에서 빛나는

사람들은 지식을 얻을 때, 자연을 살필 때 엄청난 즐거움을 누린다. 그러나 이 하나님의 빛이 영혼을 비출 때 생겨나는 기쁨에 비하면 그것은 아무것도 아니다. 이 영적인 빛은 마음속에 비치는 영광의 빛의 여명이다.

_ 조나단 에드워즈(**Jonathan Edwards**)

선교, 자주 죄책감을 주는 단어가 아닌가? 해야만 하지만 잘 못하는 것. 그래서 우리는 간혹 더 활력을 찾으려 하거나 원대한 결심을 하려 한다. 그러나 대부분의 경우 우리가

에콰도르에서 순교한 유명한 선교사 짐 엘리어트(Jim Elliot)와 같지 않음을 알고 죄책감을 느낄 뿐이다. 우리는 45년 동안 인도 선교사로 희생적으로 섬긴 에이미 카마이클(Amy Carmichael) 같지 않다. 심지어 교회에 있는 그런 사람 혹은 일상의 대화에 매끄럽게 주님을 끌어들이며 별 힘들이지 않고 신앙에 관해 이야기하는 동료 같지도 않다. 우리는 실패자다. 쓰레기 같다. 또 우리는 때때로 죄책감을 더하고, 선교하러 나가도록 우리를 강권하는 훌륭하고 확신을 주는 강연 듣기를 **좋아하기**까지 한다. 그러한 강연은 훌륭할 수 있다. 그러나…

죄책감은 소름 끼치는 동기다. 끔찍하다. 그런데 이상하다. 사람들은 항상 죄책감을 이용해 일하게 만들기 때문이다. 죄책감을 느끼게 하여 기부를 하게 하고, 죄책감을 느끼게 하여 전도를 '하게' 한다. 그러나 결국 죄책감은 제대로 기능을 하지 못하게 한다. 죄책감이 동기가 되면 결국 죄책감의 부담이 너무 무거워서 감당하기 어려워지고, 우리는 그 문제에서 달아나 사실을 외면한다. 죄책감이 선교의 동기가 되면, 우리는 잃어버린 자들에게 다가가는 일을 포기할 것이다. 그것은 감당하기에는 너무 버겁다. 우리는 절대 충분히 해 낼 수 없다.

그런데 내 말을 잘못 알아듣지 않기를 바란다. 절대로 잃어버린 자들을 긍휼히 여겨서는 안 된다는 말이 아니다. 당연히 그들을 긍휼히 여겨야 한다. 하나님이 그렇게 하신다. 그러나 긍휼은 죄책감과 아주 다르다고 말하고 싶다. 죄책감은 부정적인 감정이다. 죄책감을 갖는 것은, 당신 안에 부식성 산(corrosive acid)을 품고 있는 것과 같다. 죄책감을 느낀다면 당신은 도움이 필요한 사람이다. 그것을 깨끗이 씻어 주실 예수님이 필요하다. 그러나 긍휼은 무언가가 풍성한, 사랑이 풍성한 사람이 갖는 아름다운 감정이다.

그래서 나는 지금 당신이 하나님의 자녀에게는 완전히 새로운 정서가 주어진다는 사실을 알기 원한다. 하나님의 자녀에게는, 죄책감에 사로잡혀 공허감을 채우고 내면의 상처를 치유하기 위해 분투하는 예전 삶 대신, 풍성함이 있다. 그들은 사랑이 가득하고 기쁨이 넘치는 삶을 산다.

성령 충만한 삶

나와 함께 로마서 8장으로 가서, 하나님의 자녀가 무엇으로부터 자유로워졌는지 살펴보며 시작해 보자. 1절: "그러므로 이제 그리스도 예수 안에 있는 자에게는 결코 정죄함이 없나니." 정죄함이 **덜한** 것이 아니라 정죄함이 **없다**! 그리고 이 단호한 표현은 안정된 이들에게만 주어지는 약속이 아니다. 이는 모든 그리스도인, "그리스도 예수 안에" 있기 위해 그저 달려온 모든 이를 위한 약속이다.

이것이 우리 삶에 무엇을 의미하는지 조금 더 살펴보자. 12절: "그러므로 형제들아 우리가 빚진 자로되 육신에게 져서 육신대로 살 것이 아니니라." 여기서 잠시 멈추라. 이 "육신" 혹은 '죄악된 본성'은 무엇인가? 육신 혹은 죄악된 본성은 그저 나쁜 행실을 하는 성향이라고 생각하기 쉽다. 그래서 바울이 육신대로 살아서는 안 된다고 말할 때 우리는 그가 "나쁜 행실을 그만두라"라고 말한다고 생각한다.

그러나 그렇지 않다! 육신은 훨씬 많은 것을 의미한다. 갈라디아서 4:21-31에서 바울은 아브라함과 이삭과 이스마엘의 이야기를 들어 "육신"을 이해하려 한다. 그 이야기를 기억하는가? 창세기 12장에서 여호와께서는 (당시 아브람이라 불렸던)아브라함에게 아들을 약속하셨다. 그러나 10년이 지나자 아브라함은 아내 사라가 임신을 할 수 있을지 의심하기 시작했다. 그래서 **자신의 노력으로** 아들에 대한 하나님의 복을 얻기로 결심했다. 그는 사라의 여종 하갈을 아내로 취했다(창 16장). 그 결과가 아들 이스마엘이었다.

그러나 이스마엘은 하나님이 약속하신 아들이 아니었다. 약속된 아들 이삭은 아직 태어나지 않았다. 이스마엘은 **육신의** 자녀였다. 따라서 바울은 "육신"이라고 쓸 때 나쁜 짓을 하는 타고난 성향 이상을 의미한다. "육신"은, 아브라함이 이스마엘을 낳았던 것처럼 우리 힘으로 하나님의 복을 가져오려는 본능적인 시도를 포함한다. 이는 하나님을 매수하여 호의를 얻으려는 우리의 본능적인 시도를 의미한다. 우리가 벌어들이는 신앙, **그것이** 육체다.

또 바울은 로마서 8장 13-15절에서 이렇게 말한다. "너희가 육신대로 살면 반드시 죽을 것이로되 영으로써 몸의 행실을 죽이면 살리니 무릇 하나님의 영으로 인도함을 받는 사람은 곧 하나님의 아들이라. 너희는 다시 무서워하는 종의 영을 받지 아니하고 양자의 영을 받았으므로 우리가 아빠 아버지라고 부르짖느니라."

대조가 보이는가? 당신은 육신대로 살 수도 있다. 이는 종의 영 아래서 사는 삶, 항상 채울 수 없는 결핍, 죄책감, 탐

욕, 자기 행위를 변명하려는 욕구에 이끌려 사는 삶을 의미한다. 또는 하나님의 자녀로서 양자의 영으로 살 수도 있다. 양자의 영에 대해서는 곧 살펴볼 것이다. 그 전에 이 종의 영을 분명히 이해하기를 바란다. 그 영은 어디에나 있기 때문이다. 우리는 너무 쉽게 이쪽으로 물러난다. 그것은 우리의 기쁨, 우리의 평안, 우리의 사랑, 우리의 생명에 있는 기생충이다.

예시 A: 새뮤얼 존슨 박사(Dr. Samuel Johnson)

자, 종의 영을 다루는 예시를 보자. 내가 소개할 사람은 18세기의 문호이자 《영국 언어 사전》(*A Dictionary of the English Language*)의 저자인 새뮤얼 존슨 박사다. 그러나 그는 종의 영에 묶여 가련한 노예처럼 살았다. 그의 머릿속으로 들어가 종의 영이 어떻게 작동하는지 살펴보기 위해, 그가 쓴 매일 기도 일기인 《기도와 묵상》(*Prayers and Meditations*)에서 몇 부분을 발췌했다.[1] 익숙하게 들리는 내용이 있는지 살펴보라.

1738년 9월 18일

오 주님, 은혜를 베푸셔서 나태하고 허무하고 사악하게 보낸 시간을 만회할 수 있게 해 주십시오. 당신이 주신 선물을 당신의 이름을 영화롭게 하는 데 사용할 수 있게 해 주십시오. 당신을 믿고 경외하고 사랑하며 새로운 삶을 살 수 있게 해 주십시오. 그래서 결국 영생을 얻게 해 주십시오.

1757년 1일 1일

전능하신 하나님,…지나간 시간을 잘못 사용한 것을 용서해 주십시오. 이 순간부터 당신의 거룩한 말씀에 따라 내 삶을 고칠 수 있게 해 주십시오. 당신의 성령을 보내 주셔서 제가 일시적인 것들에서 빠져나와 결국 영원한 것을 잃지 않게 해 주십시오.

1761년 부활절 전야

저는 다시 결심하기가 두려울 때까지 결심했습니다(주제넘게 보이지 않기를 바랍니다). 하지만 하나님께 소망을 두며 새로운 삶을 살기로 단호하게 결단합니다. 오 하나님, 제발 할 수 있게 해 주십시오. 저의 목표는 이것입니다.

게으름 피하기.

수면 시간과 양 조절하기.

매일 다음 날 할 일 적어 두기.

일기 쓰기.

더 열심히 하나님 예배하기.

매 주일 교회 가기.

성경 연구하기.

매주 일정 분량의 독서하기.

1764년 4월 20일

교정하지 못했습니다. 아주 쓸모없이 살았습니다. 더 관능적인 생각을 하고, 술과 고기를 더 탐닉하며 살았습니다. 오 하나님, 내 삶을 고쳐 주십시오.

1764년 9월 18일

지난 55년 동안 결심만 하고 살았습니다. 기억나는 가장 어린 시절부터 더 나은 삶을 위해 계획을 세웠습니다. 그런데 아무것도 이루지 못했습니다.…오 하나님, 제대로 결심하고 결심을 지속적으로 지키게 해 주십시오.…일찍 일어나기로, 가능한 한 늦어도 6시까지는 일어나기로 결심합니다.

1765년 부활절

8시에 일어날 작정입니다. 일찍 일어나는 건 아니지만 지금보다는 훨씬 이른 시간이기 때문입니다. 종종 2시까지 누워 있기도 하니까요.

1775년 4월 10일

개선하고 고치겠다는 결단들을 돌아보니 매년 결심하고 지키지 못했습니다.…저는 왜 아직도 다시 결심하려 하는 걸까요? 개선이 필요하고, 절망은 죄이기 때문에 하려 합니다. 하나님의 도우심을 기대하며 하려 합니다.

비극적이지 않은가? 영생할 권한을 얻기를 소망하며 더 잘하겠다는 그의 끊임없는 결심을 보라. 그는 시도하고 실패하고, 시도하고 실패하고, 매번 점점 더 지쳐 간다. 이것이 육신의 삶이다. 존슨은 자신이 아주 좋아하는 포도주와 고기를 탐닉한 다음 죄책감에 빠져 육신적으로 스스로를 새 사람으로 만들려고 시도한다. 모두 자신의 노력이다. 그런 다음 위쪽을 향해 기도를 퍼부으며 하나님께서 개입하셔서 그의 노력을 도와 달라고 구한다. 존슨은 죄책감으로 고통을 겪으며 살았다. 그는 그의 가장 깊은 문제를 깨닫지 못했다. 그는 하나님의 값없는 용서와 환영을 받아들이지 않았다. 그래서 자아 개선으로 죄책감을 처리하려 했다.

예시 B: 갈렙 … 그리고 당신

당신도 그런 사람이었을지 모르겠다. 전도하라는 명령이 죄책감과 연루되어 있었는지도 모르겠다. 또 그 명령은, 더 나아지겠다고 결심했지만 항상 당신을 실패자로 만드는 부담이었을지도 모르겠다.

> 이것이 그리스도인이 된다는 의미다. 기독교 문화 안에서 태어나는 것이 아니라 그리스도를 깊이 인격적으로 신뢰하는 삶으로 다시 태어나는 것이다.

그러나 하나님의 자녀는 그렇게 살도록 부르심 받지 않는다! 하나님의 자녀는 죄책감으로 움직이지 않는다. 하나님의 자녀는 **정죄함이 없음**을 안다. 하나님의 자녀는 그리스도를 바라보며 이렇게 말할 수 있다. "내 모든 죄는 그리스도의 피 안에서 죽었다. 내 죄책감을 없애는 것이 그분이 죽으신 이유다." 바울이 로마서 8:15에서 말하듯이, "너희는 다시 [새뮤얼 존슨처럼] 무서워하는 종의 영을 받지 아니하고 양자의 영을 받았으므로 우리가 아빠 아버지라고 부르짖느니라." 바울은 여기서 새로운 출생을 묘사하고 있다. 우리가 이전에는 육신으로 태어났으나 지금은 성령으로 다시 태어났다. 이것이 그리스도인이 된다는 의미다. 기독교 문화 안에서 태어나는 것이 아니라 그리스도를 깊이 인격적으로 신뢰하는 삶으로 다시 태어나는 것이다. 그리고 다시 태어난 이들인 우리는 완전히 새로운 심장 박동으로 새로운 삶을 산다. 성령은 우리가 아들의 심장 박동을 공유하도록 이끄신다.

이전에는 하나님 안에서 매력적인 것을 아무것도 보지 못했지만, 성령이 나를 깨우셔서 아들의 미각과 심장 박동을 공유하게 하신다. 내 안에 새로운 영이 계시다. 나는 더 이상 하나님을 매수하고 싶어 하지 않는다. 그럴 필요가 없음을 안다. 예수님이 내 모든 죗값을 치르셨다. 그러므로 나도 이제 그 아들처럼, 나를 먼저 사랑하신 아름다우신 하나님을 정말로 **사랑함**을 깨닫는다. 나도 예수님처럼 "아빠 아버지여"라고 부르짖는다(막 14:36을 보라). 내 사랑은 그분의 사랑을 **얻어내려는** 시도가 아니다. 나를 향한 그분의 사랑에 대한 자연스러운 **반응**이다.

하나님의 자녀는 그 안에 새로운 마음과 새로운 영이 있다. 우리에게 주어진 그 영은 **아들의** 영이다(갈 4:6). 아들에게 복을 주시고 능력을 주시는 분이 우리에게도 똑같이 하시기 위해 오신다. 아버지의 사랑을 아들에게 알리신 분이 이제 똑같은 사랑을 우리에게 알리셔서 우리 역시 "아빠!"라고 부르게 하신다.

이 모든 것이 의미하는 바는, 아들이 사랑이 흘러넘칠 정도로 가득 차 충만한 상태에서 행동하실 수 있었던 것처럼, 우리 역시 그렇게 살도록 해방되었다는 것이다. 우리에게 모든 것이 주어졌으므로 얻으려고 노력하지 않아도 된다. 하나님의 자녀는 충만한 상태로, 사랑이 충만한 상태로, 복, 생명, 기쁨이 충만한 상태로 살아간다.

이것이 어떤 모습인지, 내가 아주 좋아하는 구약의 인물로 설명해 보겠다. 그는 구약에서 온전히 즉 전심으로 여호와를 따랐다고 거듭 언급되는 몇 안 되는 사람 중 하나다 (신 1:36; 수 14장). 우리는 갈렙이 이스라엘의 열두 정탐꾼 중 하나로 가나안을 정찰하기 위해 모세의 보냄을 받았을 때 그를 처음 만나게 된다. 그곳에서 그는 "유다 지파에서는 여분네의 아들 갈렙이요"(민 13:6)라고 묘사된다. 그리 자세하지 않지만, 이를 통해 그에 관해 두 가지를 알게 된다. 그는 유다 지파이고 그의 아버지는 여분네다.

이는 아주 흥미진진해 보이지는 않을지 모른다. 이곳에 수수께끼가 있다는 사실을 알기 전까지는 말이다.

여호수아와 갈렙…인종적 유대인과 인종적 이방인이 함께 걸으며 동등한 하나님의 보상을 받는다.

나중에 그는 "**그나스 사람** 여분네의 아들"(민 32:12)이라 불리기 때문이다. 그의 아버지는 유다 지파 출신이 **아니라** 그나스 사람이다. 그리고 그나스(그니스) 족속은 무서운 **이교도** 가나안 족속 중 하나였다(창 15:19). 따라서 갈렙은 유대인 토박이가 아니라 인종적으로 이방인이다. 그 사실이 그의 이름을 거의 확실하게 설명해 준다. 갈렙은 히브리어로 '개'라는 뜻이고, 이스라엘 자손은 보통 외국인들을 '이방인 개들'이라 불렀기 때문이다. 라합, 룻 등과 같이 이방인 '개'가 이스라엘에 합류하여 왕족 지파 유다로 입양되었다. 그는 이교도로 태어나기는 했지만 유다 지파의 일부로서 기업을 받았다(수 15:13). 사실, 광야 세대 전체 중에서 여호수아와 갈렙만이 살아남아 그 땅에 들어갔다. 인종적 유대인과 인종적

이방인이 함께 걸으며 동등한 하나님의 보상을 받는다.

그리고 요점은 이것이다. 이 갈렙이 전심으로 여호와를 따랐다고 거듭 언급되는 것이 우연의 일치인가? 절대 아니다. 그는 **입양되고** 환영받고 받아들여져서, 여호와와 그분의 백성의 **일원이 되었다**. 그는 바알 숭배에 빠지지 않았을 것이고, 80대 후반까지 여호와의 용맹스러운 전사로 남아 있었다.

입양은 영향력 있고 감동적인 일이다. 갈렙은 유다 자손으로 입양되었고, 우리는 하나님의 자녀로 입양되었다. 하나님이 그러한 인자를 베푸셔서 이제 우리는 아버지께 속해 있다. 성부, 성자, 성령이신 하나님의 환영을 받았음을 아는 이들은 다른 누구와도 달리 전심전력한다.

우리의 삼위일체 하나님은 아주 많이 주신다

이 책에서 우리는 하나님의 사랑을 받고 있음을 되풀이해서 살펴보았다. 그 하나님은 바로 생명을 주는 성령의 사랑 가운데 거하시는, 사랑받는 아들의 사랑 많은 아버지시다. 그렇다면 삼위일체 하나님이 우리에게 주시는 것은, 죄 사함만도 아니고 수용만도 아니고 죄 없다는 선언만도 아니다. 피해자 측은 용서하고 나서도 여전히 그 회복된 사람과 거리를 둘 수 있다. 직장 동료는 사무실에서 당신의 실수를 용서할 수 있다. 법정에 선 판사는 판사석에서 사면을 할 수 있다. 상담 전문가는 임상 현장에서 당신의 가장 깊은 죄와 두려움을 받아들일 수 있다. 그러나 성경의 하나님이 우리에게 주시는 것은 하나님 아버지가 그 아들과 맺은 것과 똑같은 관계 속으로 우리를 입양하시는 것이다. 이해했는가? 우리는 바로 하나님의 아들의 삶 안으로 들어왔다. 다른 신은 이런 것을 주지 못한다. 줄 수 없기 때문이다. 그들은 삼위일체가 아니므로 줄 것이 없다.

만약 하나님의 선교에서 당신이 어떤 역할을 할지 고려하고 있다면 다음의 질문을 생각해 보라. 아들이 선교하러 가는 이유는 무엇인가? 실제로 아들이 무언가를 하는 이유는 무엇인가? 우리는 하나님의 아들이 죄책감에서 행동하거나, 혹은 아버지나 다른 누군가의 비위를 맞출 필요가 없음을 기억해야 한다. 그분은 살고, 행동하고, 세상으로 들어오고, 죽으신다. 그리고 그 모든 것은 아버지께서 그 아들에게 아주 많은 사랑을 쏟아부으심으로 아들이 그 사랑으로 흘러넘치기 때문이다. 아들은 아버지께 사랑을 돌려 드리고 아버지의 뜻을 행하기를 간절히 바랄 수밖에 없다. 사랑이 차고 넘치는 그 아들이 세상에 그것을 쏟아부으신다. 하나님의 아들은 그런 분이다.

그리고 이는 모든 하나님의 자녀에게 적용된다. 살아 계신 하나님의 아들딸로 입양된 당신도 마찬가지이기 때문이다. 하나님께 감동을 드리고, 목사에게 감동을 주고, 교회의 영적인 사람들에게 감동을 주기 위해 선교하러 나가야 한다고 생각하지 말라. 그런 이유로는 하지 말라. 하나님은 매수할 필요가 없다. 어떻게 해도 그것을 할 수 없다. 노력한다 해도 되지 않을 것이다. 하나님의 아들이 아버지에게서 나오시는 까닭은, 그분에게 아주 많은 사랑이 쏟아부어져서 흘러넘치고, 그분은 이런 식으로 아버지께 사랑을 돌려드리지 않을 수 없기 때문이다.

다시 한번 그 아들이 직접 사랑받는 자의 기쁨을 쏟아내시는 말씀에 귀 기울여 보라. 예수님은 성령 안에서 기쁨이 충만하셨을 때 이렇게 외치셨다. "천지의 주재이신 아버지여…감사하나이다"(눅 20:21). 그리고 여기에 놀라운 점이 있다. 정확히 똑같은 사랑이 우리에게도 부어졌다는 것이다. 로마서 5:5은 이렇게 말한다. "우리에게 주신 성령으로 말미암아 하나님의 사랑이 우리 마음에 부은 바 됨이니." 서서히 흘러가지 않았다. 찔끔찔끔 떨어지지도 않았다. 쏟아부어져서 풍성해졌다. 이는 아들이 우리 세상에 오셨을 때 사랑으로 행하셨던 것처럼, 당신이 어디로 보냄을 받든 똑같이 해야 한다는 뜻이다. 선교하러 가려 한다면, 하나님께 어떤 것도 얻으려 하지 말라. 오히려, 얻을 수 있는 모든 것이 이미 주어졌기 때문에 당신은 선교하러 나간다. 하나님의 자녀는 생명이 충만하고 복이 충만한 상태로 살아간다. 그것은 흘러넘치지 않을 수 없다. 다른 사람들도 그것이 필요하다.

하지만 항상 그 풍요로움을 느끼지는 못한다면 어찌 되는가? 그때는 하나님의 약속으로 돌아가 이렇게 기억할 때다. "그렇다. 나는 하나님과 평화를 누린다. 그렇다. 죽음은 쏘지 않는다. 그렇다. 우리는 그분의 것, 값으로 사신 것이다." 이렇게 하나님의 약속들로 가득 채우면 당신은 그분의 가족으로 입양된 것을 기억한다. 하나님이 따뜻하게 받아주신 사실이 밀려온다. 그 영은 당신을 확신으로 채워 주신다. 그래서 친밀한 호칭인 "아빠, 아버지"라는 그 외침이 마음속에서 솟아나는 것을 발견하기 시작하면, 당신은 그분의 사랑이 넘치도록 차올라서 다시 나간다. 나는 새로운 세대가 일어나 세상 끝까지 선교하러 가고자 하는 모습을 보고 싶다. 그러나 그것은 그 세대가 하나님 안에서 충만해진 기쁨으로 동기를 부여받을 때만이다. 그래서 질문하고 싶다. 마지못해 고된 고역처럼 선교하러 가는 대신, 우리가 성령 충만한 하나님의 아들들의 삶을 산다면 그것은 어떤 모습일까?

하나님의 수많은 '아들들'

'하나님의 아들들'에 대해 이야기하려면, 시작할 때부터 말하기 껄끄러운 것이 있음을 인정해야 한다. 하나님의 딸들은 어떻게 된 것인가? '하나님의 아들들'이라는 어구를 쓰는 것은 성차별주의적이고 배제적인 것이 아닌가? 혹 심지어 여성을 혐오하는 것일지도? 그렇지 않다. '아들들'이라는 단어를 쓰는 데는 아주 특별한 이유가 있다.

로마서 8:14은 "무릇 하나님의 영으로 인도함을 받는 사람은 곧 하나님의 아들[들]이라"라고 말한다. 그리고 바울이 그렇게 말하고 딸들(당연히 이들도 포함되지만)을 언급하지 않는 이유는, 우리에게 주어진 지위가 바로 아들의 지위임을 분명히 하고자 하기 때문이다. 따라서 여성 독자들은 남성적인 이미지와 관련하여 스스로를 어떻게 이해할지, 곧 그들이 딸들이긴 하지만 어떻게 '아들들'인지 파악해야 할 것이다. 그러나 알다시피, 성경에 따르면 남자들도 그리스도의 신부다. 그들은 여성적인 이미지와 관련하여 스스로를 파악해야 한다! 그리고 여성들은 남성들처럼, 바로 그리스도께서 지니신 지위, 곧 사랑받는 아들의 바로 그 지위를 얻는다. 예수님은 아들이시고, 우리는 하나님의 아들들이다. 이는 놀라운 특권이다. 그런데 그것은 어떤 모습인가?

앞의 2장에서 우리는 하나님의 영광, 빛을 발하시는 그분의 본성을 살펴보았다. 우리는 하나님이 빛을 발하시는 반짝이는 태양 같으심을 보았다. 그런데 그 태양이 무엇인가? 당연히 별이다. 우리가 본 별 중 가장 크고 가장 밝은 별이다. 그리고 그 때문에 나는 성경이 신자들을 나타내는 이미지가 별들이라고 생각한다. 밤하늘에는 수많은 별이 있다. 수십억, 수조, 셀 수 없이 많은 별이 있다. 그리고 그 별들은 기본적으로 우리의 해와 동일한 메커니즘으로 연료를 공급받는다. 낮의 해는 별빛 중에서도 강력하고, 압도적이고, 맹

렬한 빛이고, 우리 그리스도인들은 같은 종류의 빛을 발하여 세상을 비추는 작은 해들이다. 모두 합치면 많은 빛을 비춘다!

조나단 에드워즈는 이렇게 말했다. "창조주는 별을 아브라함의 영적 자손인 성도의 상징[이미지]으로 설계하셨다. 눈에 보이는 수많은 실제 별들보다 훨씬 더 많아 보이는 그 별들이 수많은 성도의 상징으로 설계되었다."[2] 이상하다는 생각이 드는가? 거의 이교적으로 들리는가? 천체에 집착하는 것이나 그 천체들에 화성이나 금성 같은 이름을 붙이는 것, 혹은 12궁도 별자리로 별점을 치는 것 같은 것 말이다. 이는 기독교적이지 않아 보인다. 그러나 나는 그런 부류를 이야기하고 있는 것이 아니다. 그리고 전혀 이교적이지도 않다. 성경이 그것에 대해 말하는 바를 살펴보자. 에드워즈에 따르면 "창조주는 별을 성도의 상징[이미지]으로 설계하셨다." 이는 정말 성경적인가?

창세기 15:5에서 하나님이 무슨 일을 하셨는지 기억하는가? 여호와께서는 아브라함을 밖으로 이끌고 가셔서 별들을 보게 하시며 말씀하신다. "하늘을 우러러 뭇별을 셀 수 있나 보라.…네 자신이 이와 같으리라." 택함 받은 백성, 언약의 자녀, 아브라함의 자손. 이들은 별처럼 셀 수 없이 많다. 욥기 38장에 대해서도 생각해 보자. 당신이 이런 이미지를 품었으면 하는 까닭은, 이것이 기쁘게 선교하러 가는 방법을 알게 해 주기 때문이다. 4-7절에서 여호와께서 욥에게 질문하신다. "내가 땅의 기초를 놓을 때에 네가 어디 있었느냐. 네가 깨달아 알았거든 말할지니라. 누가 그것의 도량법을 정하였는지, 누가 그 줄을 그것의 위에 띄웠는지 네가 아느냐. 그것의 주추는 무엇 위에 세웠으며 그 모퉁잇돌을 누가 놓았느냐."—그 다음도 들어 보라. 이렇게 계속된다— "그 때에 **새벽 별들**이 기뻐 노래하며 **하나님의 아들들**이 다 기뻐 소리를 질렀느니라."

연관성이 보이는가? 별들과 하나님의 아들들. 어떤 번역은 "하나님의 천사들"이라고 말하기도 한다. 이도 틀리지는 않지만, 히브리어 본문은 문자적으로 "하나님의 아들들이 다 기뻐 소리를 질렀느니라"이다. 천사들도 가끔 성경에서 하나님의 아들들로 언급된다. 그들이 신자들처럼 입양되었기 때문이 아니라, 별들처럼 그들도 창조주께서 하나님의 진짜 아들들인 우리가 어떤 모습인지에 대한 이미지가 되도록 설계하셨기 때문이다. 즉, 거룩함으로 빛나며, 천상의 예배에서 주님 주위에 모이는 것을 기뻐하는 백성으로 말이다. 상상할 수 있겠는가? 주님이 셀 수 없이 많은 별로 우주를 채우시듯, 하나님의 아들들로 그분의 창조세계를 채우실 것이다. 그들은 그분 주위로 모여, 역시 세상의 참 빛처럼 반짝거리는 광채를 비출 것이다.

그분의 광채 비추기

하나님의 아들과 동일한 광채를 비추는 그분의 수많은 아들들, 그분의 수많은 딸들 모두 정말 의미심장한 이미지다. 그래서 나는 또 다른 성경 구절을 보여 주려 하는데, 독자들은 왜 내가 이 구절을 가장 좋아하는지 알게 될 것이다. 그냥 읽고 세상 끝날에 일어날 최종적인 부활을 상상하려해 보라. 다니엘 12:1-3은 이렇게 말한다.

그 때에 네 민족을 호위하는 큰 군주 미가엘이 일어날 것이요 또 환난이 있으리니 이는 개국 이래로 그 때까지 없던 환난일 것이며 그 때에 네 백성 중 책에 기록된 모든 자가 구원을 받을 것이라. 땅의 티끌 가운데에서 자는 자 중에서 많은 사람이 깨어나 영생을 받는 자도 있겠고 수치를 당하여서 영원히 부끄러움을 당할 자도 있을 것이며 지혜 있는 자는 궁창의 빛과 같이 빛날 것이요 많은 사람을 옳은 데로 돌아오게 한 자는 별과 같이 영원토록 빛나리라.

마지막 부분을 보라. 요한계시록에서 보았던 것처럼 그리스도께서 세상의 빛이신 것과 같이, 하나님의 아들들도 어둠 속에서 빛을 비춘다. 그리고 많은 사람에게 진짜 생명과 빛의 근원을 가리켜 보임으로써 그들을 옳은 데로 돌아오게 한다.

> 하나님의 자녀도 그렇다. 그들은 사랑과 기쁨이 가득 차 있기 때문에 사랑과 기쁨을 비춘다.

별이 빛나는 이유는 무엇인가? 그 안에 어떤 부족한 것이 있는 듯이, 필사적으로 그렇게 하려고 애쓰기 때문이 아니다. 별들은 배터리가 다 되어 꺼질 것 같은 손전등이 아니다. 정확히 그 반대다. 별이 빛나는 까닭은 터져 나올 정도로 빛과 에너지로 가득 차 있기 때문이다. 별들은 광채가 그 안에서 터져 나오기 때문에 빛나지 않을 수 없다. 하나님의 자녀도 그렇다. 그들은 사랑과 기쁨이 가득 차 있기 때문에 사랑과 기쁨을 비춘다. "나를 먼저 사랑하셨고, 나의 깨어짐 가운데서도 나를 사랑하셨으며, 나를 이 이상 더 사랑할 수는 없는 하나님이 계심을" 알기 때문이다.

이제 마지막으로 나누고 싶은 성경 구절이다. 빌립보서 2:15-16에서 바울은 빌립보 교인들을 위해 기도하는데, 그 것은 내가 당신을 위해 하는 기도이기도 하다. 그것이 내가 이 책을 쓴 이유다. 그것이 당신이 기억하기를 바라는 바다. 나는 당신이 "흠이 없고 순전하여 '어그러지고 거스르는 세 대 가운데서 하나님의 흠 없는 자녀'[가 되기를 기도합니 다.] 그러면 생명의 말씀을 굳게 붙들며 그들 가운데서 하 늘의 별처럼 빛날 것입니다"(NIV에서 번역). 당신이 생명의 말 씀을 굳게 붙들기를 기도한다. 성육신하신 말씀이신 그리스 도 그분의 사랑이 영혼의 자양분이 되기를 기도한다. 그러 면 하나님의 사랑이 충만하고 빛이 충만한 이들은, 이 사랑 에 굶주린 어두운 세상 가운데서 희망의 등대 같을 것이다. 세상은 텅 빈 캄캄한 공간만 보지는 않을 것이다. 오히려 밤 에 반짝이는 별을 쳐다볼 것이다. 하나님의 아들들은 죄와 타락의 어둠 가운데서 빛나는 하늘의 별들처럼 되어야 한 다. 그들은 하나님 그분의 사랑과 빛을 전달하기 때문에 빛 날 것이다.

성경이 아닌 톨킨(J. R. R. Tolkien)의 《반지의 제왕: 왕의 귀

환》(*The Return of the King*, 아르테 역간) 인용구로 마무리를 하려 한다. 샘과 프로도는 어둠의 땅 모르도르에 있다. 샘은 하늘을 올려다보고 있고, 톨킨은 샘이 자신이 본 것에 대해 어떻게 반응하는지 묘사한다.

그곳에서 샘은 우뚝 솟은 어두운 바위산 위 구름 사이에 난 틈을 슬쩍 보다가, 잠시 반짝이는 흰 별을 보았다. 버려진 땅에서 올려다보았기에 그 아름다움이 그의 마음을 사로잡았고 다시 희망이 찾아왔다. 또렷하고 차가운 광선처럼 그 생각이 그를 관통했다. 어둠은 결국 변변찮고 지나가는 것일 뿐이다. 영원히 어둠이 닿을 수 없는 곳에 빛과 최고의 아름다움이 있었다.[3]

이 메아리치는 말에서 핵심을 붙잡았는가? 빛과 최고의 아름다움은 영원히 어둠이 닿을 수 없는 곳에 있다. 이것이 바로 조나단 에드워즈가 "창조주는 별을 성도의 이미지로 설계하셨다"라고 말했을 때의 의미다. 삼위일체가 없는 땅, 건조하고 어둡고 황량한 그곳에서, 삼위일체 하나님을 아는 이들은 그분의 존재를 상기시키는 이들이다. 그들은 아들들이 되어, 하나님의 친아들, 아버지의 사랑을 받으시는 분, 하나님의 가족으로의 입양을 제안하시는 분을 가리켜 보인다. 이러한 좋은 소식은 심한 갈증을 느끼는 이들에게 주는 물 같고, 어둠 속에서 암중모색하는 이들에게 비치는 빛 같다. 당신의 선교는 절망적인 사람들에게 복음의 소망을 가져다 주는 것이다.

나와 함께 이 책의 끝까지 와 주어 감사하다. 내 마음에 귀 기울여 주어 감사하다. 나의 간절한 바람은 당신이 아버지께서 주시는 무조건적인 사랑을 깨닫는 것이다! 그러면 당신 안에 사랑받기 원하는 모든 사람의 소망이자 바람인 빛을 갖게 될 것이다. 그래서 하나님의 크신 사랑을 받으며 살아가면, 텅 빈 어둠만 보이는 곳에서 별처럼 빛나며 많은 사람을 옳은 데로 이끌 것이다. 당신은 그분의 긍휼을 세상에 내뿜을 것이다. 영원히 눈부시게 빛날 것이다. 그러나 하나님을 알 때만 그 빛을 가질 수 있다. 그것은 절대 당신 자신에게서 얻을 수 없고, 안에서 생성되지도 않는다. 오히려 은혜로우시고 자비로우신 삼위일체 하나님을 알게 될 때만, 마침내 어둠이 지나가는 영광스러운 날까지 이 세상의 어둠 가운데서 빛으로 빛날 수 있다.

나눔 질문

1. 갈렙은 전심으로 주를 따랐다고 한다. 당신도 그렇다고 말할 수 있는가? (이는 예/아니오로 답하는 질문이 아니라, 그 문제를 의도적으로 생각할 기회다!)

2. 세상에 빛이 어떻게 비치는가?

3. 책 전체에서 저자는 우리가 죄책감이나 의무나 누군가에게 감동을 주기 위해 선교하러 가는 것이 아니라고 강조한다. "오히려, 얻을 수 있는 모든 것이 이미 주어졌기 때문에 당신은 선교하러 나간다. 하나님의 자녀는 생명이 충만하고 복이 충만한 상태로 살아간다. 그것은 흘러넘치지 않을 수 없다. 다른 사람들도 그것이 필요하다." 전도할 때 이런 경험을 한 적이 있는가?

4. 당신이 취할 다음 단계는 무엇인가?

주

서론

삼위일체 하나님 알기

서두 인용: Carolyn Weber, *Surprised by Oxford: A Memoir* (Nashville: Thomas Nelson, 2001), 81.

1. C. H. Spurgeon, "The Immutability of God", *The New Park Street Pulpit Sermons*, vol. 1 (London: Passmore & Alabaster, 1855), 1.

1장

하나님의 사랑: 모든 선의 원천

서두 인용: Katherine Elizabeth Clark, *Where I End: A Story of Tragedy, Truth, and Rebellious Hope* (Chicago: Moody, 2018), 36.

1. *The Complete Works of Richard Sibbes*, ed. A. B. Grosart, 7 vols. (Edinburgh: James Nichol, 1862), 6.113.

2. C. S. Lewis, *The Screwtape Letters* (Glasgow: Collins, 1942), 45–46, 원문 강조. 《스크루테이프의 편지》(홍성사).

3. Martin Luther, *Luther's Works: Career of the Reformer* I, vol. 31, ed.

Jaroslav Jan Pelikan, Hilton C. Oswald, and Helmut T. Lehmann (Philadelphia: Fortress Press, 1999), 57.

2장

하나님의 영광: 세상의 빛

서두 인용: A. W. Tozer, *A. W. Tozer: Three Spiritual Classics in One Volume* (Chicago: Moody, 2018), 228.

1. Jonathan Edwards, "That God is the Father of Lights", *The Blessing of God: Previously Unpublished Sermons of Jonathan Edwards*, ed. Michael McMullen (Nashville: Broadman & Holman, 2003), 346.

2. *The Works of John Owen*, ed. William H. Goold, 24 vols. (1850–55; republished, Edinburgh: Banner of Truth, 1965–91), 23.99.

3. *The Complete Works of Richard Sibbes*, ed. A. B. Grosart, 7 vols. (Edinburgh: James Nichol, 1862), 6.388.

3장

하나님의 부요: 삼위일체가 없는 메마른 땅

서두 인용: 이 인용문은 널리 유포된 것으로, 작가이자 라브리의 공동 창시자인 에디스 쉐퍼(Edith Schaeffer)의 글로 여겨진다.

1. Vladimir Lossky, *The Mystical Theology of the Eastern Church* (Cambridge: James Clarke & Co., 1957), 66.

2. 수라 4:171. 수라(surah)는 코란의 장(chapter)이다. 코란은 114장으로 되어 있다.

3. 수라 112:1–4, 강조는 나의 것.

4. 수라 4:157.

5. Khalid Muhammad Khalid, *Successors of the Messenger: Allah's Blessing and Peace Be Upon Him*, 번역. Muhammad Mahdi al-Sharif(Dar Al-Kotob Al-Ilmiyah: Beirut, 2005), bk 1, 99.

6. "Christopher Hitchens: 'A celestial dictatorship, a kind of divine North Korea', Munk Debate - 2010", November 26, 2010, https://speakola.com/ideas/christopher-hitchens-munk-debate-2010.

7. Christopher Hitchens, *Hannity & Colmes* 인터뷰, Fox News, May 16, 2007.

4장

하나님의 빛: 어둠 속에서 빛나는

서두 인용: Stephen R. Yarbrough and John C. Adams, *Delightful Conviction: Jonathan Edwards and the Rhetoric of Conversion* (Westport,

CT: Greenwood Press, 1993), 122. 인용문은 Edwards가 1734년에 설교한 "A Divine and Supernatural Light"에서 가져왔다.

1. Samuel Johnson, *Prayers and Meditations* (London: T. Cadell, 1785).

2. *The Works of Jonathan Edwards* (New Haven and London: Yale University Press, 2006), 157.

3. J. R. R. Tolkien, *The Lord of the Rings: The Return of the King* (London: George Allen & Unwin, 1966), 199. 《반지의 제왕: 왕의 귀환》(아르테).

삼위 하나님과 함께 사랑하라, 살아가라, 선교하라

초판 1쇄 발행 2023년 6월 16일
초판 2쇄 발행 2025년 3월 20일

지은이 마이클 리브스
옮긴이 김명희
펴낸이 정선숙

펴낸곳 협동조합 아바서원
등록 제 274251-0007344 (**최초등록일** 2005년 2월 21일)
주소 경기도 고양시 원흥구 향동로217 DMC플렉스데시앙 B동 1523호
전화 02-388-7944 **팩스** 02-389-7944
이메일 abbabooks@hanmail.net

©협동조합 아바서원, 2023

ISBN 979-11-90376-70-9 (03230)
잘못 만들어진 책은 구입한 곳에서 교환해 드립니다.